Eine Bildreise

Gernot Kühl / Heinz Teufel / Ellert & Richter Verlag

Schleswig und die Schlei

Autoren/Bildnachweis/Impressum

Gernot Kühl, geb. 1959 in Eckernförde, schlug nach seinem Studium und der Ausbildung zum Realschullehrer die journalistische Laufbahn ein. Nach einem Volontariat folgte die Übernahme als Redakteur. Heute ist er Redaktionsleiter der Eckernförder Zeitung.

Heinz Teufel, geb. 1949, Studium an der Fachhochschule für Gestaltung in Kiel. Tätig als Landschaftsgestalter, Bildhauer und Fotograf. Zahlreiche Ausstellungen und Veröffentlichungen, u. a. in GEO, MERIAN, SAISON. Im Ellert & Richter Verlag sind von ihm folgende Bücher erschienen: die Bildreisen „Noldes Landschaft“, „Lüneburger Heide“, „Usedom“, „Hiddensee“ und „Der Nord-Ostsee-Kanal“ sowie in der Weißen Reihe „Sylt“ und „Monets Garten“.

Literaturliste

Arbeitsgemeinschaft Schlei (Hrsg.): Die Schlei – Tochter der Ostsee, Stieftochter der Ostsee?

Baedeker, Karl: Schleswig – Kurzer Stadtführer, Freiburg, 3. Aufl. 1983.

Becker, Frido: Geliebte Schlei, Gütersloh, o. J.

Beitz, Dr. Uwe: Gerhart Bettermann, Malerei und Grafik, in: Veröffentlichungen des Städtischen Museums Schleswig, Bd. 4, Schleswig 1990.

Degn, Christian: Schleswig-Holstein – eine Landesgeschichte. Historischer Atlas, Wachholtz Verlag, Neumünster 1994.

Dehio, Georg: Handbuch der deutschen Kunstdenkmäler. Hamburg, Schleswig-Holstein, Berlin, 2. Aufl. 1994.

Elsner, Hildegard: Wikinger Museum Haithabu – Schaufenster einer frühen Stadt, hrsg. v. Archäologischen Landesmuseum der Christian-Albrechts-Universität Kiel, Neumünster 1989.

Franzgrote, Jürgen (Hrsg.): Schleswig – Die Domstadt an der Schlei von Haithabu bis heute, Rendsburg 1989.

Kutzer, Horst (Hrsg.): Schleswig – Ein Lesebuch, Husum 1985.

Langholz, Hans-Wilhelm: Bi uns to huus – Von der Flensburger Förde bis an die Schlei, o. O., o. J.

Luth, Walter: Arnis – kleine Stadt mit großer Vergangenheit, Arnis 1977.

Reinke, Hans-Dieter: Die Ostseeküste von Flensburg bis Eckernförde, Ellert & Richter, Hamburg 1994.

v. Rumohr, Henning: Schlösser und Herrenhäuser im Herzogtum Schleswig, Würzburg, 3. neubearbeitete Aufl. 1987.

Scharnweber, Werner: Reisebilder Deutschland – Schleswig-Holstein, Nürnberg 1992.

Schleswig-Holsteinischer Heimatbund (Hrsg.): Schleswig-Sonderheft, in: Schleswig-Holstein – Kultur, Geschichte, Natur, Husum 1994.

Schmidtke, Kurt-Dietmar: Bildergrüße aus Schleswig-Holstein – Rund um die Schlei, Neumünster 1993.

Vogel, Volker: Schleswig im Mittelalter – Archäologie einer Stadt, Neumünster 1989.

Weiland, Asmus Peter: Die Schlei – Wandel und Wirklichkeit, Rendsburg 1982.

Titelabbildung: Die Schlei westlich von Sieseby

Bildnachweis:
Farbfotos:
Heinz Teufel, Eckernförde
Abbildungen im Textteil:
Archäologisches Landesmuseum der Christian-Albrechts-Universität Schloß Gottorf, Schleswig: S. 6, 7
Bildarchiv Preußischer Kulturbesitz, Berlin: S. 17
Prof. E. Opitz/R. Scheiblich, Universität der Bundeswehr Hamburg, Hamburg: S. 85
Schleswig-Holsteinisches Landesmuseum Schloß Gottorf, Schleswig: S. 14/15, 16, 18/19, 19 r., 60/61
Heinz Teufel, Eckernförde: S. 26, 27, 34, 35, 47, 58, 59

Die deutsche Bibliothek – CIP-Einheitsaufnahme

Schleswig und die Schlei /
Gernot Kühl/Heinz Teufel. – Hamburg:
Ellert und Richter, 1996
(Eine Bildreise)
ISBN 3-89234-624-0
NE: Kühl, Gernot; Teufel, Heinz

Text und Bildlegenden: Gernot Kühl, Eckernförde
Gestaltung: nach Entwürfen von Hartmut Brückner, Bremen
Lektorat: Annette Willenborg-Heidbrink, Hamburg
Satz: KCS GmbH, Buchholz/Hamburg
Lithographie: Offset-Repro im Centrum, Hamburg
Druck: C. H. Wäser KG, Bad Segeberg
Karte: © Mairs Geographischer Verlag / ADAC Verlag GmbH
Bindung: S. R. Büge, Celle

Inhalt

Königliche Steine, 1 000 Jahre alt, zeugen von der großen Verehrung, die die damaligen Herrscher ihren treuen Gefolgsleuten zuteil werden ließen. Vier dieser Runensteine – so genannt nach der Runenschrift (Rune: Geheimnis), der früher magische Kräfte nachgesagt wurden – finden sich in unmittelbarer Umgebung der einstigen Wikingersiedlung und Handelsmetropole Haithabu am südlichen Schleiufer. Der dänische König Sven Gabelbart (986–1014) betrauerte Ende des 10. Jahrhunderts seinen engen Vertrauten Skarthi und setzte einen Runenstein, den Skarthi-Stein. Gestanden hat der Stein in Busdorf, befindet sich aber heute im Wikinger Museum Haithabu.

Runensteine, Wikinger, Haithabu – Begriffe, die zusammengehören, die Klang haben und die die Phantasie beflügeln. Doch die sagenumwobene Welt der Wikinger ist gerade an der Schlei, in Haithabu, wissenschaftlich erforscht. Die Archäologen haben zwar das Geheimnisvolle zum Teil gelüftet, aber der Wikingerzeit damit keineswegs ihren sagenhaften Reiz genommen. Und die Wikinger kämpfen immer noch, wenn auch nur alle zwei Jahre während der Wikingertage in Schleswig, dem Nachfolgeort Haithabus.

Mit dem Namen für die vor über tausend Jahren führende Wikingersiedlung Nordeuropas ist es so eine Sache: Was heute als Haithabu geläufig ist, hieß damals in dänischen Quellen „heithabyr" oder „hedeby", Ort auf der Heide. In anderen Quellen findet man für die gleiche Siedlung die Namen „sliesthorp" und „sliaswich", was Schleisiedlung heißt. Vermutlich als Folge von umfassenden Strukturveränderungen im Ostseeraum hatte sich etwa seit der Jahrtausendwende auf dem Haithabu gegenüberliegenden nördlichen Schleiufer ein Ort gebildet, der ebenfalls Haithabu-Schleswig genannt wurde. Zunehmend verlagerten sich Siedlungsschwerpunkte dorthin, die Gebäude des Königs und der Kirche, die Siedlung der Kaufleute und der Hafen, bis der Ort im Halbkreiswall in der zweiten Hälfte des 11. Jahrhunderts aufgegeben wurde. Zwei schwere Zerstörungen durch die Norweger 1050 und ostholsteinische Slawen 1066 mögen das ihre dazu beigetragen haben.

Haithabu war aufgrund seiner überragenden Bedeutung in der Wikingerzeit (800–1100) stets umkämpft, sah hauptsächlich dänische, aber auch deutsche und schwedische Herrscher. Dort stand 850 die erste christliche Kirche Nordeuropas, und es entstand zusammen mit Ribe und Århus der erste Bischofssitz der nördlichen Welt, der ab Mitte des 10. Jahrhunderts den christlichen Glauben im heidnischen Norden unters Volk brachte. Vor allem aber gingen die einst gefürchteten Wikinger, die ihre Handelsreisen mit Beutezügen verknüpften und sich den räuberisch angeeigneten Besitz wegen ihres Glaubens guten Gewissens zur Ehre anrechneten, in Haithabu ein und aus.

Wikinger bedeutet im ursprünglichen Sinn Skandinavier auf Beutefahrt. Gold und Silber waren für sie ein Zeichen göttlicher Gunst, und je mehr sie davon besaßen, um so bedeutender glaubten sie zu sein – im Leben selbst und danach im Heldenreich Walhall. So erklären sich die vielen Raub- und Plünderungszüge, die die mit phantastischen Schiffen und seefahrerischem Können ausgestatteten Nordmänner über Meere und Flüsse bis ins tiefe Rußland, ans Schwarze Meer, nach England, Frankreich und Amerika führten. Ihre vortrefflichen Schiffe und nautischen Fähigkeiten ließen sie unter Leif Erikson schon um das Jahr 1000 an Amerikas Küste landen – erst 500 Jahre später kam Kolumbus. Die Namensgebung Normandie – Wikingerfürst Rollo erhielt das Land als ostfränkisches Lehen – zeugt noch heute von den damaligen Machtverhältnissen und dem Einfluß der Wikinger, die in der westlichen Welt Normannen und in Rußland Waräger hießen. Ob die oft als furchterregend und grausam geschilderten Wikinger tatsächlich aus den Totenschädeln ihrer Feinde tranken und furchtlos dem Tod ins Auge sahen, um dann an Odins Tafel im Götterreich Platz zu nehmen, sei dahingestellt. Fest steht jedoch, daß die Wikinger nicht nur mordbrennende Eroberer waren, sondern die Welt durch Entdeckungen, Handel, Besiedlung und Kultur auch ungemein belebten und voranbrachten. All das hat viel mit Haithabu zu tun – hier trieben sie regen Handel mit erworbenen und erbeuteten Waren, zu denen durchaus auch Sklaven zählten. Pelze, Bernstein, Wolle, Walroßelfenbein, hochwertiges Eisenerz aus Nord und Ost sowie Tuche, Glas- und Töpferwaren, Schmuck und Waffen aus Stahl aus dem Westen Europas wurden an der Schlei umgeschlagen; nicht nur von Wikingern, sondern von Händlern und Kaufleuten aus der ganzen Welt.

Warum trieb der aufstrebende Handel gerade in Haithabu solche Blüten? Das hat wiederum viel mit der Schlei zu tun. Der vermutlich schon Mitte des 8. Jahrhunderts besiedelte Wik (Handelsplatz) am

Als Grabbeigabe für eine reiche Frau fand man in Haithabu diese „Terslev-Fibel". Das wertvolle goldene Schmuckstück zeigt in seiner handwerklichen und technischen Perfektion die hochentwickelte Fähigkeit der Wikinger zum Kunsthandwerk.

Haddebyer Noor (Noor: norddeutsch für Haff) lag geschützt am inneren Schleibecken und hatte doch über die Schlei direkten Zugang zur Ostsee und damit zu den großen Märkten im Norden und Osten. Kam eine Schiffsladung aus dem Norden an und wurde an einen friesischen oder fränkischen Händler verkauft, mußte dieser nur für einen 16 Kilometer langen Landtransport gen Westen bis nach Hollingstedt sorgen. Dort konnte er wieder aufs Schiff umladen lassen, über Treene und Eider in die Nordsee gelangen und damit die Häfen der westlichen Welt anlaufen; der lange und wegen der Überfälle gefährliche Seeweg durch den Skagerrak entfiel. Für die Kaufleute und Seefahrer damals erfüllten Schlei, Treene und Eider die gleiche Funktion wie der Nord-Ostsee-Kanal für die moderne Schiffahrt heute. Auch auf dem Landweg lag Haithabu verkehrsgünstig, dicht an dem schon damals bestehenden Nord-Süd-Handelsweg, dem Heerweg. Auf dieser wenige Kilometer westlich gelegenen alten Route fand ein reger Warenaustausch zwischen Jütland, Norddeutschland und dem Rheinland statt. Haithabu lag somit im Zentrum und übernahm ab 800 n. Chr. im aufstrebenden Ost-West- und Nord-Süd-Handel die Funktion einer Drehscheibe, einer Handelsmetropole.

Erstmals urkundlich erwähnt wurde Haithabu im Jahr 804 in den Fränkischen Reichsannalen. Der dänische König Göttrik zog in Haithabu, dem wichtigsten Hafen an der Südgrenze seines Reiches, Heer und Flotte zusammen. Und als er vier Jahre später die Kaufleute aus dem eroberten slawischen Handelsort Rerik von der Wismarer Bucht an die Schlei umsiedelte, erblühte Haithabu vollends zum nordeuropäischen Handelszentrum. 1 000 Einwohner sollen dort gelebt haben – großstädtische Dimensionen für damalige Verhältnisse. Die Handelsmetropole, die zugleich dänische Grenzstadt war, wurde mit einer einzigartigen Verteidigungsanlage, dem Danewerk, gegen Angriffe von Süden geschützt. Das Danewerk riegelte die Schleswiger Landenge nach Süden ab und wurde in mindestens fünf Jahrhunderten ständig erweitert und verstärkt. Seine Verteidigungswälle sollten noch im preußisch-dänischen Krieg von 1864 dänische Truppen vor preußischen Kugeln schützen und 1945 die Panzer der anrückenden alliierten Verbände für eine Weile aufhalten. Der Archäologie ist es zu verdanken, daß Haithabu ein Begriff von großer Ausstrahlungskraft geblieben ist. Was die Archäologen seit Beginn des 20. Jahrhunderts in 35 Grabungskampagnen aus dem Boden und dem Haddebyer Noor holten, wird seit 1985 in einer einmaligen frühmittelalterlichen Sammlung im Wikinger Museum Haithabu ausgestellt. Allein in den Grabungsjahren 1966 bis 1969 wurden aus dem ehemaligen Siedlungsbereich über eine Million Fundstücke geborgen. Bei den vorläufig letzten Ausgrabungen im früheren Hafenbecken 1979 und 1980 kamen riesige Fundmengen hinzu. Zu ihnen gehörten ein Kriegsschiff der Wikinger, die älteste vollständig erhaltene Glocke Nordeuropas sowie 40 Meter weit ins Noor hinausragende Reste von Schiffsbrücken und Landestegen.

Noch nicht einmal zehn Prozent des 24 Hektar großen Siedlungsgebiets, das von einem 1 300 Meter langen Halbkreiswall umschlossen ist, sind bislang untersucht worden, genug jedoch, um aus den im Wikinger Museum ausgestellten Fundstücken eine teilweise sehr konkrete Lebensbeschreibung der Bewohner vorzulegen: das Wohnen in den Holzhäusern, die geradlinig angelegten Wege aus Holzbohlen, die häufig nur eben ausreichende Ernährung aus Fisch, Getreide und wenig Fleisch, die hochentwickelte Handwerkskunst, der Zahlungsverkehr mit Gewichtsgeld und Münzen aus der ältesten, seit 825 existierenden Münzstätte der nördlichen Welt, das Zusammenleben unterschiedlichster Volksgruppen, das Miteinander von Heiden und Christen. Wer weiß, welche Schätze noch ungeborgen unter Haithabus Äckern und Wiesen schlummern!

Dieses im Wikinger Museum Haithabu ausgestellte Modell eines Wohnhauses macht deutlich, daß es die Wikinger nicht nur verstanden, hervorragende Schiffe zu bauen. Das Reetdach ruht auf stabilen Balken. Die Wände bestehen aus mit Lehm verputztem Flechtwerk. Im Inneren des Hauses befinden sich in der Mitte ein Wohnraum mit Schlafstätten, links ein Raum mit einem Ofen und rechts ein Werkraum.

In Runen, den Schriftzeichen der Wikinger, gedachten die Dänenkönige auf Gedenksteinen der gefallenen treuen Gefolgsleute. Vier dieser Runensteine stehen im Wikinger Museum Haithabu. Da auch der Runenschrift ein Alphabet zugrunde lag, das 16 Zeichen umfassende futhark, sind die Inschriften heute leicht zu entziffern und geben uns Einblicke in die Welt vor über 1000 Jahren. Bei diesem Eintrag (hier querliegend abgebildet) handelt es sich um den des Skarthi-Steins, auf dem König Sven Gabelbart um die Jahrtausendwende seinen Krieger Skarthi mit folgenden Worten betrauert: „König Sven setzte diesen Stein für Skarthi, seinen Gefolgsmann, der nach Westen gefahren war, aber nun den Tod fand bei Haithabu.“ Der abgebildete Stein wurde in Busdorf bei Schleswig gefunden.

RATATOSKR

Bereit zum Ablegen ist dieses nachgebaute Wikingerschiff, das vor dem Wikinger Museum Haithabu ankert. An etwa dieser Stelle im Haddebyer Noor wurde 1979 das Wrack eines knapp 30 Meter langen Wikingerschiffs ausgegraben. Die sieben Gebäude des 1985 errichteten Museums sind den Schiffen der Nordmänner nachempfunden, nur liegen sie kieloben und erinnern damit an die Nauste, die wikingerzeitlichen Schiffshallen. Das Museum gewährt Einblicke in die Kultur und Lebensweise der Wikinger und zeigt sie als hochqualifizierte Seefahrer, tüchtige Handwerker und weitgereiste Händler.

Dieses Langschiff der Wikinger wurde 1953 im Haddebyer Noor entdeckt und 1979 in einem aufwendigen Verfahren ausgegraben. Es wies Brandspuren auf und wird seit seiner Auffindung sorgsam restauriert. Ein Bootsbauer arbeitet das Kriegsschiff in der sogenannten Werft der Schiffshalle des Wikinger Museums Haithabu detailgetreu auf. Da die Halle zum Museum gehört, können die Besucher diese Arbeit am etwa 30 Meter langen Boot mitverfolgen. Bestechend ist die schwanenhafte Eleganz des Bootskörpers; die Schiffe der Wikinger waren allen anderen Bootstypen in jeder Hinsicht weit überlegen. Sie konnten sowohl gesegelt als auch gerudert werden. Auf diese Weise waren die Wikinger in der Lage, selbst Ozeane zu überqueren.

Schleswigs Ursprünge sind eng mit der einstigen Wikingerstadt am gegenüberliegenden Schleiufer verbunden. Als Haithabu zerfiel, war Schleswig schon da. In der Altstadt ausgegrabene Silbermünzen wurden Mitte des 11. Jahrhunderts geprägt und zeugen von einer über 900 Jahre alten Stadtgeschichte. Von 1969 bis 1984 gruben sich Archäologen bis zu sieben Meter tief in die mittelalterliche Altstadt zwischen Holm und Dom und somit in die Ursprünge der Siedlungsgeschichte Schleswigs vor. Ihre Arbeit war nicht nur wegen der vielen Funde äußerst fruchtbar: Bauten, Häuser, Wege und Landungsbrücken aus Eichenbohlen wurden sicher auf die erste Hälfte des 11. Jahrhunderts datiert. Zweite wichtige Erkenntnis: Schleswig wurde zweimal „gegründet“, einmal im 11. Jahrhundert am Hafen, wobei das Schleiufer bis zu 150 Meter weiter nördlich verlief als heute, und ein zweites Mal im 13. Jahrhundert um Dom und Franziskanerkloster. Seinen Ruf als älteste Stadt Nordeuropas hat Schleswig allerdings an Ribe in Dänemark verloren, dort fanden Archäologen Spuren einer Besiedlung um 700 n. Chr.

Die Ausgrabungen in der Schleswiger Altstadt revidierten die bis dato herrschende Meinung, der östlich des Doms gelegene Rathausmarkt sei von Anfang an Schleswigs Zentrum gewesen. Daß dem nicht so ist, beweisen ausgegrabene Kais und Brücken des früheren Hafens aus den Jahren 1087 bis 1095. Unter dem Rathausmarkt hingegen fand man Reste einer kleinen Steinkirche und ein Gräberfeld mit 200 gut erhaltenen Holzsärgen und mumifizierten Leichen. Stallmist und Abfall früherer Besiedlungen und ein über die Jahrhunderte angestiegener Grundwasserspiegel hatten alles konserviert. Die Funde belegten: Erst im frühen 13. Jahrhundert ist auf dem aufgegebenen Kirchen- und Friedhofsgelände der Schleswiger Marktplatz errichtet worden.

Schleswigs Aufstieg nahm seinen Anfang am Hafen. Das spiegelt sich, wie auch die enge Verbindung mit Haithabu, im folgenden Gedicht eines Unbekannten:

„Es rauscht die Schlei
an Haithabus Gestaden
und singt ein Lied
von Gottorfs alter Macht,
von Schiffen,
die mit persisch Gut beladen –
mit Elfenbein und rotem Gold als Fracht!
Des Domes Glocken klingen,
die Fischer hör' ich singen;
fern überm Wasser
tönt der Möwen Schrei –
sei mir gegrüßt,
mein Schleswig an der Schlei!“

Zwischen 1087 und 1095 expandierte der von Haithabu übernommene Fernhandel so stark, daß die Hafenanlagen ausgebaut werden mußten – daher die Ausgrabungsfunde. Die Stadt war vom Ende des 11. bis Anfang des 13. Jahrhunderts zentrale Drehscheibe des Ost-West-Handels. Auf der dem Hafen gegenüberliegenden Möweninsel ließ damals der königliche Statthalter, Herzog Knud Laward (1115–1131), die Jürgensburg errichten – seine Unterkunft sowie Staatsgefängnis und Zollstelle in einem. Knud Laward war ein mächtiger und zugleich beliebter Regent. Seine Regentschaft nahm 1131 ein jähes Ende: Er wurde ermordet. Schleswigs Bürger waren empört, und Mitglieder der Knudsgilde, einer nach Knud Laward benannten Kaufmannsgilde, erschlugen 1134 den ihrer Meinung nach ins Mordkomplott verstrickten dänischen König Niels während eines Besuchs in Schleswig.

Das 12. Jahrhundert war Schleswigs große Zeit als Handelsmetropole, Königssitz und Kirchenzentrum (1196 gab es sieben Kirchen in der Stadt). Bis 1200 behauptete Schleswig seine Vormachtstellung als Fernhandelsplatz gegenüber der etwa seit 1160 aufkommenden Lübecker Konkurrenz. Noch bis etwa 1250 nutzten die Nordseeanlieger den Weg über die Stadt an der Schlei, um in den Ostseeraum zu gelangen. Doch mehr und mehr übernahm nun Lübeck die Rolle Schleswigs. Neue Schiffstypen mit mehr Tiefgang wurden gebaut und bekamen in den flachen Gewässern Schlei, Treene und Eider Manövrierprobleme. Der Fernhandel fand auf Trave und Elbe statt, Lübeck wurde neues Handelszentrum an der Ostsee. Von der einstigen Pracht Schleswigs zeugen die noch erhaltenen mittelalterlichen Bauwerke: der Dom (1134 erstmals erwähnt), das St.-Johannis-Kloster (um 1250) und das Franziskanerkloster (1234).

Zwei alte Ansichten Schleswigs, die die stetige Stadtentwicklung dokumentieren: Der Kupferstich aus dem Städtebuch Braun-Hogenbergs von 1586 (oben) zeigt Schleswig im Jahr 1536 mit der Hafenanlage und dem alten Stadtkern. Schloß Gottorf liegt noch außerhalb. Die untere Abbildung, ein Kupferstich einer Schleswiger Stadtansicht aus dem Jahr 1712, verdeutlicht die Entwicklung. 1711 zur „combinierten Stadt“ erklärt, gehörten sowohl Schloß Gottorf als auch die neu gegründeten Stadtteile Friedrichsberg und Lollfuß zu ihr.

Die Franziskanermönche, auch Bettelmönche genannt, errichteten ihren Stammsitz auf den Fundamenten der früheren Königspfalz. Kurios, wie Geschichte sein kann: 560 Jahre nachdem die Mönche den Wohnsitz dänischer Könige überbauten, errichtete die Stadt Schleswig auf den Grundmauern der zum Kloster gehörenden, inzwischen aber abgebrochenen Kirche St. Paul nach einem erneuten Besitzerwechsel 1794 das noch heute als Verwaltungssitz dienende klassizistische Rathaus. Das wegen der grauen Kutten der Mönche auch Graukloster genannte Schleswiger Domizil der Franziskaner erfuhr ebenfalls eine Nutzungsänderung – es wurde ein städtisches Armenstift, in dem jedem Bewohner zwei Räume zustanden, und blieb es bis 1980. Eine Armenwohnung aus dem 16. Jahrhundert wurde als Museum erhalten und der Saal mit Wandmalereien aus dem 13. Jahrhundert vorbildlich restauriert. Daneben finden sich in dem alten Gemäuer jetzt Büros der Stadtverwaltung mit moderner EDV. Krasser können Gegensätze kaum sein – das Franziskanerkloster dürfte das einzige voll verkabelte Kloster sein.

Ein mittelalterliches Baudenkmal aus dem 12. Jahrhundert ist auch das St.-Johannis-Kloster mit der Kirche auf dem Holm, der Schleswiger Fischersiedlung. Es gilt als besterhaltene Klosteranlage Schleswig-Holsteins. Das seit der Reformation als adliges Damenstift für unverheiratete Töchter des schleswig-holsteinischen Adels geführte Kloster wurde vermutlich um 1230/1250 als Benediktinerinnenkloster gegründet. Zuvor stand dort die 1196 errichtete St.-Jacobi-Kirche. Daß die ersten zehn Nonnen dort nach fleischlichen Genüssen mit Mönchen des St.-Michael-Klosters zwangsweise einquartiert wurden, wird zwar gerne berichtet, ist aber wohl eher eine Erfindung phantasiebegabter Erzähler denn Resultat wissenschaftlicher Arbeit. Heute bewohnen nur noch vereinzelt Konventualinnen das St.-Johannis-Kloster, eine von ihnen ist die Priorin Henny von Schiller. In der Klosterkirche aber zeugen Wappenschilder früherer Bewohnerinnen vom einstigen Glanz. Das Kloster kam ab dem 14. Jahrhundert durch Spenden zu Reichtum. Noch bis vor 100 Jahren gehörten zum klösterlichen Besitz 6500 Hektar Land, drei Kirchspiele, 84 Bauernhöfe, Mühlen sowie 140 kleine Landstellen in Angeln und Schwansen. Ende des 19. Jahrhunderts wurden die Besitztümer verkauft, durch die Inflation ging später fast alles verloren. „Heute stehen wir fast wieder da wie die Nonnen nach der Gründung und den Bränden“, berichtet die Priorin. Sie selbst bietet Klosterführungen an, läßt Weltliches in Form von Konzerten, Lesungen und privaten Vermietungen die klösterliche Abgeschiedenheit beleben. Die Klosterkirche ist nicht nur Garnisonskirche für den benachbarten Stützpunkt, sondern auch beliebter Ort für Hochzeiten und Taufen. Sehenswert ist das Sakramentshaus aus dem späten 15. Jahrhundert neben dem Altar. Das zehnsitzige Nonnenchorgestühl im Remter, dem Speisesaal, stammt aus der Zeit um 1240 und ist mit seinen frühgotischen, geschnitzten Ranken und Fabelwesen eines der ältesten und bedeutendsten in Schleswig-Holstein.

Unübersehbarer Mittelpunkt der Altstadt ist der Dom St. Petri. Die erste Erwähnung stammt aus dem Jahr 1134 und steht in Zusammenhang mit der Erschlagung des dänischen Königs Niels. Das mächtige Gotteshaus wurde seit Baubeginn im frühen 12. Jahrhundert mehrfach um- und ausgebaut. Grundstock war eine dreischiffige romanische Pfeilerbasilika. Große räumliche Veränderungen, die mit dem Umbau der romanischen Basilika zur gotischen Hallenkirche begannen, erfuhr der Dom seit dem 13. Jahrhundert. Dem intensiven Innenausbau folgten im 14. und 15. Jahrhundert große Anbauten. An der Nordseite entstand in den ersten Jahrzehnten des 14. Jahrhunderts der dreiflügelige Kreuzgang (Schwahl) mit prächtigen Wandgemälden. Ende des 15. Jahrhunderts kam die zweigeschossige Sakristei im Nordosten, die spätere Fürstengruft, hinzu. Die Gottorfer Herzöge richteten sich dort im 17. Jahrhundert ihre letzte Ruhestätte im Unter- und Obergeschoß ein. Das Freigrabmahl Friedrichs I. von 1551/55, Herzog zu Schleswig und später dänischer König, sowie zahlreiche kunstvolle Epitaphien, Grabkapellen und Grüfte ließen den Dom in der nachreformatorischen Zeit zu einer Grabkirche von Adelsfamilien und Gottorfer Herzögen werden. Erst in den Jahren 1888 bis 1894, der letzten großen Bauphase, erhielt der Dom seinen 112 Meter hohen Westturm im neugotischen Stil.

Neben den meist von holländischen Bildhauern geschaffenen kirchlichen Kunstwerken ist ein Gemälde des Barockmalers Jürgen Ovens besonders bedeutsam: die „Blaue Madonna". Höhepunkt für einen Dombesucher aber dürfte der einzigartige Altar sein, den Hans Brüggemann (etwa 1480–1540) zusammen mit seinen Gesellen in siebenjähriger Arbeit von 1514 bis 1521 erschuf. Der Altar aus Eichenholz wird auch Bordesholmer Altar genannt, weil Brüggemanns Lebenswerk zunächst im Augustinerkloster in Bordesholm stand und erst nach dessen Auflösung 1666 von Herzog Christian Albrecht nach Schleswig geholt wurde. Das Licht fällt von Süden durch das einzige Klarglasfenster des Doms in den Altarraum. Der einschließlich Predella (Sockel) fast 15 Meter hohe und 7,20 Meter breite, immer geöffnete Klappaltar zeigt die Passionsgeschichte von der Gefangenschaft Jesu bis zur Erscheinung Christi vor dem ungläubigen Thomas in zwölf kleineren und zwei doppelt so breiten Fächern. 400 perspektivisch fein aufeinander abgestimmte Figuren, deren größte 1,30 Meter mißt, alle individuell ausgestaltet und detailgetreu, arbeitete Hans Brüggemann aus dem Eichenholz heraus. Über allem thront der 83 Zentimeter große Christus auf einem Regenbogen und der Erdkugel als Weltenrichter; darunter Adam und Eva sowie Maria als Himmelskönigin. Die vier unteren Fächer im Sockel sind bis zu 37 Zentimeter tief. Die Figuren sind alle voll ausgeschnitzt und stehen in bis zu drei Reihen hintereinander. Damit auch die hintersten Figuren von unten gut erkennbar sind, stehen sie auf erhöhten Böden.

Nicht nur alle Figuren sind in ihrer jeweiligen Bewegung festgehalten, sondern Brüggemann lieferte eine bis ins kleinste Detail perfekte Arbeit ab. So sind etwa in der Kreuztragungsszene die Kreuzesnägel deutlich im Korb eines Häschers erkennbar. Welch starke innere Kraft und welch gewaltiger christlicher Glaube müssen Brüggemann zu einem Werk dieser Größe und Schönheit getrieben haben! Dem Betrachter bleibt nur ehrfurchtsvolles Staunen angesichts dieser Arbeit. Schon Fontane, Goethe und Storm waren gefangen vom Anblick des Brüggemannschen Altars. Und vom Maler Emil Nolde (1867–1956) ist folgendes aus der Zeit überliefert, in der er mit 17 Jahren in Flensburg eine Schnitzerlehre begann: „Während meines ersten Lehrjahres wurde in unserer Werkstatt ein großes, (...) von Hans Brüggemann geschnitztes Altarwerk restauriert. Ich schaute voll Begeisterung alles an, und ich durfte die figurenreiche Gruppe mit Spiritus abwaschen. Ja sogar auch fehlende Hellebarden und Schwerter der Kriegsknechte schnitzen. Das war erregend ...". Das kostbare Meisterwerk wurde im Zweiten Weltkrieg zerlegt, die einzelnen Altarbilder in Holzki-

Dieser Kupferstich zeigt die Domkirche zu Schleswig Ende des 18./Anfang des 19. Jahrhunderts vor dem Bau der Türme, der erst Ende des 19. Jahrhunderts abgeschlossen wurde.

sten verpackt und im Dom unter dem Turmeingang vergraben. Erst 1947 wurde der Altar wieder aufgebaut. Ostern 1995 sahen zehn Millionen Menschen den von der ARD direkt aus dem Schleswiger Dom übertragenen Ostergottesdienst: Bischof Hans Christian Knuth erklärte den Osterglauben – anhand des Brüggemann-Altars. Brüggemann, der meisterhafte Schnitzer, schuf außer dem Bordesholmer Altar ein weiteres monumentales Kirchenkunstwerk, den nahe dem Petri-Portal stehenden, 4,40 Meter großen Heiligen Christophorus (1510–1515).

Nach dem Verlust der weitreichenden Handelsbeziehungen ab dem 13. Jahrhundert blieb Schleswig als Bischofs- und Herzogssitz dennoch ein bedeutsames kirchliches und politisches Zentrum. Doch bevor die Herzöge auf Schloß Gottorf residieren konnten, mußten sie diese von Wasser umgebene Burg, die nach dem Vorbild der zerstörten Bischofsburg Alt-Gottorf bei Lürschau 1161 bei Schleswig errichtet wurde, zunächst in ihren Besitz bringen. Das geschah in einer Art Tauschverfahren. Herzog Erik von Schleswig gab die Jürgensburg auf der Möweninsel auf und zog 1268 ins Schloß. Vorbesitzer Bischof Bondo verschlug es mehr oder weniger freiwillig auf die Burg Schwabstedt an der Treene. Damit war Schloß Gottorf für immer weltlich geworden. 1340 übernahmen die Schauenburger Grafen das Schloß, 1459 ging es per Erbfolge an den dänischen Hof. Die Söhne des dänischen Königs Friedrich I. (Herzog 1490–1533, ab 1523 König) teilten Land und Besitztümer brüderlich auf; die ältere Linie stellte weiterhin die dänischen Könige, und aus der jüngeren Linie gingen die Herzöge von Schleswig-Holstein-Gottorf hervor. Mit Herzog Adolf (1544–86) nahm die Regentschaft der Gottorfer Herzöge ihren Anfang. Unter ihm und Herzog Johann Adolf (1590–1616) entstand das vierflügelige Renaissance-Schloß mit dem prächtig gearbeiteten Westflügel. Den

mächtigen, 115 Meter langen Neubau des Südflügels, der weit über die Flucht des gegenüberliegenden Nordflügels hinausreicht, steuerte Herzog Friedrich IV. (1694–1702) bei. Er wollte aus dem Schloß eine große Anlage des Hochbarocks machen. Sein Tod auf demSchlachtfeld verhinderte die Durchführung – nur den Bau des Südflügels sollte er noch erleben. Nach seinem Tod stockten die Bauarbeiten und fanden 1713 mit der Übernahme des Schlosses durch den dänischen Hof ein abruptes Ende. Teile der Einrichtung und Kunstwerke wurden nach Kopenhagen geschafft.

Als bedeutendster Gottorfer Regent aber gilt Herzog Friedrich III. (1616–1659). Er sorgte sich weniger um die Bausubstanz als vielmehr um die Ausbildung geistiger und kultureller Werte. Unter seinem Einfluß erblühte Schloß Gottorf. Wissenschaftler und Künstler von Rang wie der bedeutende Gelehrte Adam Olearius sowie der Rembrandt-Schüler und Hofmaler Jürgen Ovens verhalfen Gottorf zu hohem Ansehen. Die Bibliothek, die Gemäldesammlung und die Kunstkammer waren berühmt. Geradezu eine Sensation jedoch war der Gottorfer Riesenglobus, der sich in der ebenfalls einzigartigen Gartenanlage Friedrichs III., dem Neuwerk, befand. Der Herzog ließ für den begehbaren Globus von drei Meter Durchmesser eigens ein dreigeschossiges Gebäude, die Friedrichsburg, bauen. Im Innern der Erdkugel konnten bis zu zehn Personen ein mit Wasserkraft angetriebenes, sich drehendes Planetensystem bewundern. Zar Peter der Große war bei einem Besuch 1713 derart von dem Globus fasziniert, daß er Herzog Friedrich IV. so lange gedrängt haben soll, bis dieser nachgab und ihm den Globus schenkte. Heute steht er in einem Museum in St. Petersburg.

Auch unter Herzog Christian Albrecht (1659–1694), dem Sohn Friedrichs III., konnten sich Wissenschaft und Kultur frei entfalten, wenn auch nicht mit dem Glanz früherer Jahre. Christian Albrecht gründete 1665 in Kiel die nach ihm benannte Universität.

Als der dänische Königshof 1713 das Lehen Schloß Gottorf zurückforderte, setzte der Niedergang ein, den der Statthalter Carl von Hessen (1768–1836) zwischenzeitlich durch seine umsichtige und bürgerfreundliche Amtsführung etwas abmildern konnte. Von 1854 bis 1945 diente das Schloß den jeweiligen Machthabern als Kaserne und litt darunter sehr stark.

Seit 1947 beherbergt Schloß Gottorf das Archäologische Landesmuseum und das Landesmuseum für Kunst und Kulturgeschichte und hat seitdem viel von seinem einstigen Glanz zurückgewonnen. Sehenswert sind das älteste Hochseeschiff Nordeuropas, das für 40 Ruderer ausgelegte Nydamboot aus dem 4. Jahrhundert n. Chr., und weitere vorgeschichtliche Funde aus den Opfermooren von Nydam und Thorsberg. Die 2 000 Jahre alten konservierten Moorleichen, Opfer des germanischen Strafvollzugs, lassen viele Besucher erschaudern. Den Kunst- und Kulturinteressierten erschließen sich im Hauptgebäude beeindruckende Sammlungen vom Mittelalter bis zur Mitte des 19. Jahrhunderts. Zu den herausragenden Sehenswürdigkeiten zählen die Gotische Halle

Unter Herzog Friedrich III. (1616–1659) entfaltete sich das geistige und kulturelle Leben Gottorfs zur vollen Blüte. Er beschäftigte namhafte Wissenschaftler und ließ die berühmten Neuwerker Gärten anlegen, in denen sich auch der Gottorfer Riesenglobus befand.

mit Kreuzrippengewölbe aus dem 15. und 16. Jahrhundert, der Hirschsaal (17. Jahrhundert), der als Festsaal diente, und die noch heute benutzte Schloßkirche mit beheizbarer herzoglicher Betstube direkt über dem Altar. Einen hohen Stellenwert genießt auch die Ausstellung „Kunst des 20. Jahrhunderts" mit Werken von Barlach, Kokoschka, Schmidt-Rottluff oder Janssen. Vier bedeutende Stiftungen sind hier vereint: das Atelier des Bildhauers Hans Wimmer, die Stiftung Horn, die 800 Werke umfassende Sammlung expressionistischer „Brücke-Maler" und die Stiftung des Malers Georg Tappert. Sie machen Gottorf zu einem bedeutenden Zentrum zeitgenössischer Kunst.

Letztlich hat die herzogliche Residenz auch dafür gesorgt, daß Schleswig seine heutigen Ausmaße rund ums innere Schleibecken angenommen hat. Lag das Schloß auf der ältesten bildlichen Darstellung aus dem Jahr 1584 noch einsam außerhalb der Stadt, zeigt ein Stich von 1712 schon ein ringsum von Häusern umbautes Schloß. Angestellte des Hofes, Adlige, Soldaten, Beamte und Handwerker siedelten sich an. Auf diese Weise entstanden die neuen Stadtteile, Friedrichsberg und der Lollfuß. Prächtige Adelspalais und ansehnliche Bürgerhäuser wurden errichtet, die heute als Sitze des Amtsgerichts, des Städtischen Museums und der Touristenzentrale dienen. Die Bewohner der relativ autarken neuen Stadtteile genossen gewisse Privilegien und zahlten weniger Steuern als die Bürger in der Altstadt. Um den aufkeimenden Unmut der Altstädter zu besänftigen, vereinte die herzogliche Verwaltung 1711 alle Ansiedlungen vom Holm bis nach Friedrichsberg zu einer „combinierten" Stadt – die Geburtsstunde des heutigen Schleswigs. Aber noch heute ist das Leben in Schleswig stark stadtteilbezogen, was nicht zuletzt die vier Beliebungen, einst Solidargemeinschaften zur Bestattung von Pesttoten und heute lebendig gebliebene Tradition, und drei Schützengilden bezeugen.

Lange Zeit war Schleswig dänisch. Doch die nationale Erhebung der Schleswig-Holsteiner, die auf die Vereinigung der beiden Herzogtümer (Schleswig gehörte zu Dänemark, Holstein zum Deutschen Bund) drängte, fiel in Schleswig auf fruchtbaren Boden. 1844 wurde auf dem Deutschen Sängerfest in Schleswig erstmals das Schleswig-Holstein-Lied gesungen und die 1845 von der dänischen Obrigkeit verbotene neue blau-weiß-rote Landesfahne geschwungen. 1848 kam es zum Kampf zwischen Schleswig-Holsteinern und Dänen, die Dänen zogen geschlagen ab. Doch nur zwei Jahre später verleibten sie sich das verlorene Terrain in der verlustreichen Schlacht bei Idstedt wieder ein.

1864 wurden die Dänen endgültig besiegt, und 1867 wurde Schleswig-Holstein preußische Provinz. Sitz der Provinzialregierung war der große Backsteinbau gegenüber von Schloß Gottorf. Heute sprechen dort das Oberlandes- und das Oberverwaltungsgericht Recht. Das Schloß selbst war wieder einmal Kaserne. Nach dem Zweiten Weltkrieg, Schleswig blieb von Zerstörungen verschont, bestimmten die Alliierten Kiel zur neuen Landeshauptstadt. Die Stadt an der Schlei erhielt als „Entschädigung" zahlreiche bedeutende Einrichtungen wie die Landesgerichte, die Landesmuseen, das Landesamt für Vor- und Frühgeschichte, das Landesarchiv und das Lan-

Von beherrschender Prägnanz ist der mächtige Südflügel von Schloß Gottorf (1698–1702), der die königliche Macht unterstrich. Dieser Kupferstich zeigt das Schloß Mitte des 18. Jahrhunderts mit Resten der mittelalterlichen Bastionsbefestigung.

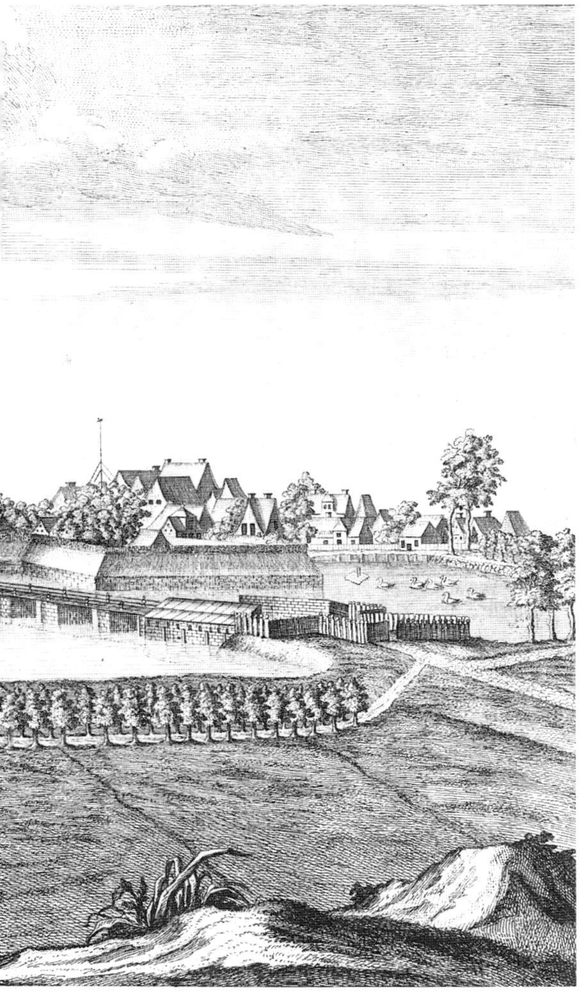

deskrankenhaus. Heute ist Schleswig eine kulturell bedeutende Kreisstadt mit 27 000 Einwohnern.
In Sachen Stadtsanierung wird hier Vorbildliches geleistet. Die Altstadt ist bereits zu einem Kleinod geworden, andere Stadtteile sollen folgen. Der behutsame Umgang mit alter Bausubstanz, aus einem Verantwortungsgefühl der eigenen Geschichte gegenüber heraus, ist in der Domstadt sehr ausgeprägt. Die Bedeutung als Museumsstadt dürfte noch größer werden, wenn der verfallene Neuwerk-Fürstengarten am Schloß Gottorf wie geplant neu angelegt und das Museum für Volkskunde in das ehemalige Bundeswehrdepot auf dem Hesterberg einziehen wird. Mit diesem neuen Ort der Geschichte sowie den erwähnten Landesmuseen, dem Wikinger Museum Haithabu, dem Städtischen Museum, dem Holm-Museum und dem Museum am Danewerk verfügt Schleswig über sieben große und kleine historische Sammlungen von zum Teil bedeutendem Wert; eine Dichte, die selbst wesentlich größere Städte kaum erreichen! Wer sich ein Wochenende Zeit nimmt und sich die neue, drei Tage gültige „Schleswig Card" besorgt, hat neben anderen Vergünstigungen überall freien Eintritt.
Besucherfreundlich erweist sich auch die großzügig angelegte Fußgängerzone mit gut sortierten Geschäften und Kaufhäusern, Cafés, Restaurants. Übrigens ist das Parken in Schleswig (noch) kostenlos. Von der Neugestaltung im zentralen Bereich Königstraße, Plessenstraße und Schleiufer erhoffen sich die Schleswiger eine Belebung des früheren Kreis- und Schleibahngeländes. Die im Planungsgebiet liegenden Königswiesen bleiben als beliebtes Naherholungsgebiet unangetastet. Da Schleswig kaum über Industriebetriebe verfügt, müssen die Bewohner von anderen Wirtschaftszweigen leben. Neben den traditionellen Standbeinen wie Verarbeitung landwirtschaftlicher Produkte (Zuckerfabrik, Butterwerk, Alkoholproduktion), öffentlicher Dienst (Landesbehörden, Bundeswehr) und Handwerk spielt der Tourismus eine zunehmend wichtige Rolle. Eine Attraktivitätssteigerung verspricht die 1996 fertiggestellte Schleiufer-Promenade, die die touristischen „Highlights" Dom und Schloß Gottorf verbindet. Zusammen mit Kappeln, der Schleidörfer-Gemeinschaft und den Schwansener Anliegern möchte die Stadt Schleswig die Schleiregion noch besser vermarkten – und zwar unabhängig von den politischen Grenzen, die an der Schlei mit den Kreisen Schleswig-Flensburg und Rendsburg-Eckernförde aufeinandertreffen.
Leider nicht vermeiden lassen sich Anmerkungen zum Kuckucksei „Wikingturm", das den Schleswigern ins ansonsten schöne Nest gelegt wurde. Hoch ragt das bestgehaßte Bauwerk an zentraler Stelle 28 Stockwerke hoch aus der Schlei und verschandelt den Blick auf die altehrwürdige Domstadt. Eigentlich sollte der Wohnturm 1972 zur Segel-Olympiade in Kiel-Schilksee fertig sein und Profit abwerfen. Doch der Bauherr hatte Pech, ein Feuer verhinderte dieses Vorhaben. Auch aus der geplanten Festlandbebauung neben dem über 80 Meter hohen Wikingturm mit Hotel, Schwimmhalle, Sauna und Bowlingbahnen wurde nichts. So bleibt einem nichts anderes übrig, als sich mutig dem Koloß zu nähern, mit dem Fahrstuhl ganz nach oben ins Café zu fahren und den Ausblick auf Schleswig und die Schlei zu genießen; die einzige Möglichkeit, dem unvermeidlichen Anblick der städtebaulichen Sünde zu entgehen.

Herzog Christian Albrecht (1659–1694) trat das Erbe seines Vaters Friedrich III. an und widmete sich ebenfalls der Wissenschaft und der Kultur. 1665 gründete er in Kiel die nach ihm benannte Universität.

Interessiert, verträumt, nachdenklich-entspannt, die Frauenskulptur „Nereide" von Karl-Heinz Goedtke blickt direkt auf Schloß Gottorf. Man möchte es der stummen Betrachterin gleichtun und die Ansicht des mächtigen, weiß verputzten Profanbaus, des größten in Schleswig-Holstein, mit seinem 115 Meter langen, herrschaftlichen Südflügel in Ruhe genießen. Dem distanzierten Blick sollte dann allerdings das hautnahe Erleben folgen. Im Innern des Schlosses, das in seiner wechselvollen Geschichte mal Herzogssitz, mal Kaserne war, warten wertvolle Sammlungen der schleswig-holsteinischen Landesmuseen auf interessierte Besucher. In Nebengebäuden sind Arbeiten bedeutender Künstler wie Barlach, Kokoschka oder Schmidt-Rottluff im Rahmen der Ausstellung „Kunst des 20. Jahrhunderts" zu sehen.

Ein Meisterwerk der Schnitzkunst stellt der von Hans Brüggemann in den Jahren 1514 bis 1521 geschaffene Bordesholmer Altar dar. 1666 holte Herzog Christian Albrecht den fast 15 Meter hohen und 7,20 Meter breiten Klappaltar aus dem Bordesholmer Augustinerkloster – daher der Name – in den Schleswiger St.-Petri-Dom. Seitdem fasziniert das aus Eichenholz gearbeitete Kunstwerk mit seinen bis ins Detail perfekt gestalteten Figuren die Dombesucher. Unser Foto zeigt die Kreuzigung, das zentrale Bild der von Brüggemann im Altar dargestellten Leidensgeschichte Christi. Lange hält einen dieses Bild gefangen, und die Detailfülle führt dabei zu immer neuen Entdeckungen.

Hoch ragt der 112 Meter hohe Turm des St.-Petri-Doms mit seiner türkisfarbenen Spitze in den dunklen spätsommerlichen Himmel. Das majestätisch wirkende Bauwerk überragt die Bischofsstadt Schleswig; auch aus weiter Entfernung sichtbar, strahlt es Festigkeit, Stärke, Macht aus und ist umgeben von einem Hauch von Ewigkeit. Während die Schlei wie ein Fluß an ihm vorbeizieht, die „Wappen von Schleswig" ihre Fahrt unbeirrt fortsetzt und sich am Himmel etwas zusammenbraut, steht der im 12. Jahrhundert erbaute Dom mächtig und unverrückbar da – ihm zu Füßen, fast demütig, die Altstadt, im Vordergrund zeigt sich beinahe verschämt die Möweninsel.

Is dat hitt?" fragt Friedrich Ross scherzhaft in die Männerrunde im Büstorfer Bootshaus an der Schlei, als eine Schüssel mit dampfenden Würstchen die Runde macht und er an der Reihe ist, sich ein Paar herauszuangeln. Schnell klärt der um keinen Spruch verlegene Holmfischer die Riesebyer Heimatforscher, die ihn eingeladen haben, auf: Seine durch jahrzehntelange Arbeit gezeichneten Hände seien an kalten Fisch und Eis gewöhnt, bei heißen Sachen reagierten sie empfindlich. Er kommt trotzdem gut klar, hat die Männerrunde fest im Griff und verblüfft die alteingesessenen Schleianlieger mit erstaunlichen Neuigkeiten. Fischotter sollen wieder heimisch geworden sein, und aus einem seiner Aalkörbe zog er eines Tages ein lebendes Exemplar der hierzulande als ausgestorben geltenden Sumpfschildkröten, so daß sich die herangeeilten Biologen der Uni Kiel fast überschlugen. Und er habe große Miesmuschelbänke bis herauf nach Ulsnis gesehen, aber nur bis vor drei Jahren: „Irgendwas ist da kaputtgegangen." Also doch Probleme mit dem Schleiwasser? Mitnichten, meint Fischer Ross, der auf dem Schleswiger Holm, seinem Wohnort, nur „Meister" heißt. Das Wasser sei eher besser als schlechter geworden, Fischsterben und viel stärkere Algenblüten als heute habe es früher auch gegeben. „Die schnacken noch alles dumm und verrückt." Die, das sind die Umweltschützer, die „Grünen", wie Ross sagt, die nicht müde werden, den Schleiproblemen auf den Grund und manchem Fischer auf den Geist zu gehen. Sogar Sprotten, Dorsche und manchmal auch ein Lachs würden wieder gefangen, hält Meister Ross dagegen – so schlecht könne die Wasserqualität dann wohl nicht sein.

Friedrich Ross, Jahrgang 1927, hat sein Berufsleben hinter sich, aber die alten Gewohnheiten lassen sich nicht so schnell abschütteln. Wenn die Schleswiger Domuhr vier Uhr schlägt, ist er schon wach, kriecht aber seiner Frau zuliebe erst gegen fünf aus den Federn und macht das Frühstück. Rauf aufs Boot und auf die Schlei, mittags wieder zurück – Siesta. Und dann viel Zeit für Frau, Freunde und jede Menge Klönschnack. Er lebt auf dem Holm. Er ist dort geboren, aufgewachsen, und er wird dort eines fernen Tages auch begraben sein – das steht fest. Auf dem Holm schließt sich der Kreis des Lebens und macht die Heimat von Friedrich Ross zu einem einzigartigen Ort: Mitten auf der ehemaligen Schleiinsel liegt seit dem 11. Jahrhundert der von Linden umgebene, rund angelegte Friedhof samt Kapelle. Die Kopfsteinpflasterstraße führt einmal herum, und wenn die Anwohner des Süderholms aus den Fenstern gucken, erblicken sie die Gräber ihrer Verwandten, Freunde und Nachbarn; kein Stoff für einen Gruselfilm, sondern Holm live. Dort leben die rund 300 Holmer, dort stehen ihre schmucken Häuschen mit den typischen Klöndöören (zweigeteilte Eingangstüren) und Utluchten (bauliche Vorsprünge mit Fenstern). Dort haben sie ihre Klönecke, so als wollten sie, daß die Verblichenen teilhaben an ihren Geschichten und Gesprächen. Leben und Tod gehören zusammen, das ist die tägliche Botschaft auf dem Holm, dem wohl einzigen Ort mit einem Privatfriedhof.

Besitzer der Ruhestätte ist die Holmer Beliebung. Die 1650 gegründete Totengilde sorgte nicht nur dafür, daß die Pesttoten möglichst schnell und vor allem christlich unter die Erde kamen, die Mitglieder verpflichteten sich ferner, „beieinander im Leben und Sterben zu stehen und sich in Not und Tod, sowohl in Pest- als gesunden Zeiten, nicht zu verlassen". Dieser gegenseitige Treueschwur über den Tod hinaus gilt bis heute, sechs Beliebungsbrüder tragen nach alter Sitte die Särge mit den Verstorbenen zum Grab. Alle 360 Mitglieder der Holmer Beliebung – ausschließlich Männer, doch Frauen und Kinder sind mitversichert – haben Anspruch auf eine kostenlose Grabstelle. Zwei Wochen nach Pfingsten wird Tradition gelebt: Die Beliebung feiert – unermüdlich mehrere Tage lang, die Kinder mit Blumenkörbchen, die Männer in schwarzem Anzug, weißem Hemd, mit schwarzer Fliege, Zylinder und roter Rose im linken Knopfloch. Die Frauen binden eine Blumenpyramide. Und wie vor Jahrhunderten werden im Gildehaus alte Tänze in Ehren gehalten, Menuett und Figaro – da werden die hartgesottenen Fischer zu eleganten Parkettlöwen. Ein Tanzmeister übt nicht nur die Schrittfolgen vorher ein, sondern wacht auch mit Argusaugen über die korrekte Ausführung. Und verhält sich ein Gildebruder nicht nach den uralten, strengen Regeln, wird zur Gaudi aller eine Strafe fällig, die meist in der Umsetzung von Barem in Flüssiges besteht.

Erst 100 Jahre nach der Beliebung gründeten die Holmer die Fischerzunft. Die Vereinigung hatte einen handfesten

Die Blumenkinder sind fester Bestandteil des Umzugs der Holmer Beliebung, der jedes Jahr zwei Wochen nach Pfingsten stattfindet. Im Gildelokal binden die Frauen später eine große Blumenpyramide.

Grund: Die Fischer schlossen sich gegen Übergriffe der Schleijunker, an der Schlei wohnende Adlige, zusammen. Jene setzten sich über das verbriefte Fangrecht der Holmer Fischer hinweg, errichteten Heringszäune, hinderten die Fischer, an Land zu gehen, und nahmen ihnen gewaltsam den Fang ab.

Die Holmer fürchten sich zwar nicht vor dem Tod, doch sie lieben das Leben, womit wir wieder bei „Meister" Ross wären. Der etwas untersetzte Fischermeister mit dem freundlichen, hellwachen Gesicht und einer gehörigen Portion Mutterwitz hat letzteres in den vergangenen bald sieben Jahrzehnten getan. Und wenn er heute von früher erzählt, schimmert etwas durch vom Stolz der Holmer Fischer, aber auch vom harten Geschäft, früher mit den Ruderbooten und der Wadenfischerei noch handfester als heute. Die Technik ermöglicht mittlerweile einen körperlich weniger aufreibenden Fischfang, doch hart gearbeitet werden muß immer noch, und Reichtümer sind nach wie vor nicht zu verdienen. Vielleicht schrumpft die Zahl der Fischer deshalb immer weiter. Gerade einmal ein Dutzend geht noch im Frühjahr auf den Hering und im Sommer auf den Aal, ernährt so seine Familien und hält die Fahne der Holmer Fischer hoch. Nach dem Krieg waren es noch an die hundert, die ihr seit 1280 verbrieftes und anno 1480 nochmals durch den dänischen König Christian I. (1448–1481) im „Schleibrief" bestätigtes Fangrecht von Schleswig bis Arnis ausübten.

Hering gibt es reichlich, aber man muß schon viel davon fangen, um auf seine Kosten zu kommen. Oder die Fische clever vermarkten wie „Meister Ross". Als ihm die Genossenschaft in Maasholm nur zwanzig Pfennig für ein Pfund bot, fuhr er seine Fühler aus und tat einen Händler in Flensburg auf, der ihm das Drei- bis Vierfache dafür zahlte. Seither sieht man ihn im Frühjahr jeden Tag nach Flensburg fahren. Für den Aal gibt es wesentlich mehr Geld, doch die Fangmenge ist bei dem Aasfresser auch erheblich geringer. Und ist der begehrte Fisch endlich gefangen, heißt das noch lange nicht, daß er auch im Boot landet. Zweibeinige und geflügelte Fischräuber treiben ihr Unwesen. Im vergangenen Sommer erwischte die Polizei zwei Jugendliche, die mal eben Reusen leerten, um Nervenkitzel zu verspüren. Schlimmer trifft die Fischer aber der unersättliche Appetit der „schwarzen Teufel", der Kormorane. Sie haben sich seit ihrer Ansiedlung zu einer echten Plage entwickelt. Die Ausscheidungen der bisweilen zu Tausenden in Kolonien lebenden Vögel töten alle Bäume, alles Leben ringsum, ihr Hunger und ihre geschickte Jagd unter Wasser schädigen die Fischer massiv. Und die sind sauer, nicht nur an der Schlei, weil die Kormorane trotz aller für sie negativen Begleitumstände immer noch unter Naturschutz stehen. Wie Pfeile schießen die Fischfresser ins Wasser, tauchen mühelos bis zum Grund, schnappen zu und zerren an den in den Reusen gefangenen Fischen. Und wenn es ihnen nicht gelingt, die Fische durch die Maschen zu ziehen und zu vertilgen, verbluten diese aufgrund der Verletzungen und sind damit wertlos für die Fischer.

Es lebt sich gut auf dem Holm, trotz aller Sorgen. Die kleinen, dicht an dicht stehenden Fischerhäuser aus dem 18. und 19. Jahrhundert charakterisieren den Zusammenhalt ihrer Bewohner, auch wenn die Enge (oder Nähe, wie man will) einen ganz anderen Grund hat: Weil bis heute nur die Holmer Fischer das Fangrecht auf der Schlei haben und weil nur Fischer werden konnte, wer auf dem Holm wohnte, zog es in den vergangenen Jahrhunderten viele Berufsfischer auf die einstige Schleiinsel. Erst 1935 verlor der Holm („vom Wasser umgeben") seinen Inselstatus, als der Stadtgraben aufgeschüttet wurde, um eine Straße zu bauen. Die Holmer allerdings sind ein eigenes Völkchen geblieben, auch wenn nicht alles mehr so ist wie früher und die kleinen Geschäfte nach und nach verschwunden sind. Längst haben Schleswiger und Zugezogene den Reiz der Fischersiedlung erkannt. Auf dem Holm zu wohnen ist etwas Besonderes. Allerdings müssen sich die „Neuen", die für frei werdende Häuser richtig Geld auf den Tisch legen, an die Gepflogenheiten auf dem Holm anpassen, sonst dürfte ihr Gastspiel nur von kurzer Dauer sein. Noch hat die urtümliche Holmer Fischerwelt ihre Faszination und Kraft bewahrt, noch ist Plattdeutsch die Sprache ihrer Bewohner, noch haben dort die typischen Ökelnamen (Spitznamen) wie Dalli, Ruge, Heier oder Meister mehr Gewicht als die tatsächlichen, noch gibt es die Beliebung und den Häkelbüdelclub der Frauen – eine menschliche Welt, wie sie an der Schlei noch lange Bestand haben möge.

Eine ganz eigene und eigenständige Welt – der Holm. Die beschauliche Fischersiedlung am Schleswiger Schleiufer mit den engen Kopfsteinstraßen und den kleinen Fischerhäusern hat trotz aller Veränderungen ihren einzigartigen Charme bewahrt. Mittelpunkt der Siedlung ist der Friedhof der Holmer Beliebung.

High noon auf dem Holm; menschenleer die Straßen, eine in der wärmeren Jahreszeit eher seltene Szene. Der Blick ist frei auf die liebevoll herausgeputzten kleinen Fischerhäuser, in denen jedoch immer weniger Holmer Fischer leben. Der Holm, bis vor 60 Jahren noch eine Insel für sich vor den Ufern Schleswigs, liegt idyllisch an der Schlei. Mit ihren Kopfsteinpflasterstraßen und den mit Rosen bewachsenen Häuschen ist die Fischersiedlung heute längst zu einem begehrten Wohnort für Zugereiste aus der Stadt, wie die Holmer Urbevölkerung Schleswig seit jeher bezeichnet, geworden. Trotz aller Einflüsse des Zeitgeistes blieb bislang auf dem Holm dank der ungebrochenen Traditionsliebe seiner Bewohner, wie sie in den seit Jahrhunderten festgeschriebenen Regularien der Holmer Beliebung zum Ausdruck kommt, zumindest ein Teil der gewachsenen Strukturen erhalten.

E

inen wie den „Meister", wie Schleifischer Friedrich Ross auf dem Holm nur genannt wird, erschüttert so schnell nichts. Und die nur mager mit Aal bestückte Reuse, die er eben östlich der Insel Kieholm aus der Schlei gezogen hat, registriert er allenfalls mit süß-saurer Miene. Aber Fischer Ross, und das ist so sicher wie die jährlich stattfindende Feier der Holmer Beliebung zwei Wochen nach Pfingsten, der findet ihn – den Aal, der sich bei sommerlicher Hitze gern kältere, sauerstoffreichere Plätze sucht.

VIKING RUBBER
VIKING RUBBER

Irgendwann landen sie alle hier – die Mitglieder der Holmer Beliebung. Der Friedhof inmitten der Fischersiedlung Holm gehört nicht etwa der Kirche, sondern ist im Besitz der Beliebung. 1650 zur Pestzeit gegründet, bestattet die Totengilde ihre Verblichenen auch heute noch nach alter Sitte auf dem eigenen Friedhof. Das kreisförmig angelegte Gräberfeld ist ausschließlich für Mitglieder der traditionsreichen Gilde und deren Familien bestimmt und wird liebevoll gepflegt. So gehört der Tod auf dem Holm ganz einfach dazu, und die Anwohner der Süderholm- und der Norderholmstraße blicken von ihren Wohnstuben direkt auf die Gräber ihrer Angehörigen, Freunde, Nachbarn und Bekannten.

Anno Domini
1865

Sie steht in einer Reihe mit der Flensburger und der Kieler Förde, der Eckernförder und der Lübecker Bucht. Und doch hat die Schlei etwas, was den anderen Meeresarmen nicht vergönnt ist: Sie verbindet Städte, Dörfer und Menschen, läßt Gemeinschaften wachsen, wo sie geographisch trennt. Die Angeliter und Schwansener, Bewohner der angrenzenden Landschaften nördlich und südlich der Schlei, rücken zusammen, ob es nun um den Tourismus, die ökologische Zukunft oder ums Feiern geht.

Kleine, liebenswerte Dörfer liegen beschaulich an der Schlei. Viele sind nordischen Ursprungs, ihre Namen enden auf -by, -nis oder -wig und zeugen von der jahrhundertelangen dänischen Herrschaft im Landesteil Schleswig, die erst 1864 mit der Niederlage der Dänen gegen Preußen und Österreich endete. Schleimetropole ist zweifellos Schleswig am inneren Schleibecken. Schleswig liegt mitten im Land, ist aber in der glücklichen Lage, mit der Schlei über einen direkten Zugang zur Ostsee zu verfügen. Während sich an Schleswigs Kai Brackwasser mit minimalem Salzgehalt bricht und Süßwasserfische wie Plötze, Brassen und Barsche an den Haken gehen, geht es 40 Kilometer nordöstlich wesentlich salziger zu. Liegt der Salzgehalt der Schlei vor Schleswig noch zwischen vier und acht Promille, steigt er Richtung Ostsee permanent an und liegt in der Spitze bei 18 Promille. Hering statt Plötze, Butt statt Barsch und Dorsch statt Aal fühlen sich dort wohl. In Mündungsnähe liegen Kappeln und Arnis, die Schleistädte Nummer zwei und drei. Beide sind etwas Besonderes, Kappeln hat seinen Heringszaun, den einzigen mittelalterlichen in ganz Europa, und Arnis ist mit 383 Einwohnern (Stand Mai 1995) kleinste Stadt Deutschlands.

Die Schlei ist nicht wie andere Förden „Vorspiel“ für eine bedeutende Hafenstadt. Wahrscheinlich heißt sie deshalb auch nicht Schleswiger Förde. Der Name Schlei oder Sli (Plattdeutsch) bedeutet im altnordischen und skandinavischen Sprachgebrauch „schleimiges, schlammiges Wasser“. In südlichen Staaten Nordamerikas heißen fließende und stehende Sumpfgewässer, die sich flußartig ausdehnen, „Slew“ – auch hier Parallelen zur Schlei. Auf jeden Fall ist sie mit anderen Ostseeförden kaum vergleichbar. Schon der Übergang von der Ostsee in die Schlei ist außergewöhnlich. Das nur 150 Meter breite Eingangstor zum Naturerlebnisraum Schlei wirkt wie ein riesiger, gespitzter Mund, der die Schiffe einsaugt und wieder freigibt – ein Nadelöhr, zwischen 1780 und 1796 von Menschenhand geschaffen und durch Steinmolen gesichert. Noch heute muß die Fahrrinne von Zeit zu Zeit ausgebaggert werden, weil die küstenparallele Ostseeströmung vom fünf Kilometer südlich gelegenen, 20 Meter hohen Schönhagener Kliff ständig Sand- und Geröllmassen vor die Schleimündung spült. Würde man der Natur ihren Lauf lassen, wäre die Schlei kein Meeresarm mehr, sondern ein verbrackendes Gewässer.

Jeder der 43 Schleikilometer steckt voller Eigentümlichkeiten, keiner gleicht dem anderen, hinter jeder Biegung eine andere Landschaft, Gegensätze auf engstem Raum. Erst die schmale, von Verlandung bedrohte Mündung, und nur wenige Meter nach Durchfahrt durch die Molengasse dehnt sich die Schlei zu einem flachen, haffartigen Gewässer von annähernd dreieinhalb Kilometer Breite aus, um sich wenig später hinter dem teils ursprünglichen, teils mondänen Fischerdorf Maasholm mit einer Breite von nur 200 und einer Tiefe von 16 Metern (die tiefste Stelle) wie ein Fluß durch den Rabelsund zu schlängeln. Nicht nur stete Wechsel gehören zu den Charakteristika der Schlei, sondern auch Superlative: Die Schlei ist die längste (43 Kilometer), schmalste (135 Meter an der engsten Stelle) und flachste (im Schnitt vier Meter) aller Ostseeförden.

Maasholm, Kappeln, Arnis heißen die drei größten Häfen der äußeren Schlei. Wie Perlen einer Kette liegen Städte und Dörfer rechts und links der Förde, bereit, entdeckt zu werden: Maasholm, Kappeln, Ar-

Die Schlei ist ein ideales Segelrevier. Zwischen Schleswig und Schleimünde warten auf die Segler mehr als zwanzig abwechslungsreiche Seemeilen. Aufgrund der geringen Wassertiefe empfiehlt es sich, die Fahrrinne nicht zu verlassen.

nis, Winnemark, Karschau, Bienebek, Sieseby, Lindaunis, Stubbe, Ulsnis, Goltoft, Missunde, Brodersby, Louisenlund, Borgwedel, Stexwig, Winning, Fahrdorf und Schleswig. Kleine Häfen, Halbinseln, kleine Inseln und Buchten, sanft ansteigende Wiesen und Wälder, Steilufer und malerisch gelegene Wanderwege säumen das Schleiufer. Sie machen dieses mit landschaftlicher Schönheit reich bedachte Fleckchen Erde zu einem Paradies für streßgeplagte Großstädter, unternehmungslustige Familien und spontane Kurzurlauber – einfach mal die Seele baumeln lassen.

Was heute die Herzen von Urlaubern, Wassersportlern und Wanderfreunden höher schlagen läßt, ist erdgeschichtlich ein Produkt der Eiszeit. Vor 18 000 bis 12 000 Jahren sorgte die Weichselvereisung in ihrem Endstadium für die Ausbildung der Schlei. Die von Norden vorrückenden Gletscher schoben Steinmassen vor sich her, die teilweise ältere Geländeformationen überlagerten und veränderten. Gletscherzungen formten Becken wie die Kleine und Große Breite, die wiederum durch in Endmoränenwälle hineingefressene Schmelzwasserrinnen, wie beispielsweise die Missunder Enge, verbunden wurden. Auf diese Weise entstanden die für die Schlei charakteristischen Engen und Breiten. Ihr heutiges Bett erhielt die Schlei durch den nacheiszeitlichen Meeresspiegelanstieg, als das Ostseewasser sämtliche in die Landschaft geschobenen Hohlräume ausfüllte.

Doch leider ist auch die idyllische Schlei kein problemfreier Raum. Im Sommer blühen nicht nur die Rapsfelder und Wiesenblumen, sondern auch dichte, schleimig-grüne Algenwiesen. Mit großem Aufwand versuchen die Schleianlieger heute, der Sünden der Vergangenheit Herr zu werden. Klärwerke werden mit Millionenaufwand nachgerüstet, um die bereits überreichlich in der Schlei vorhandenen Phosphate und Stickstoffe aus den Abwässern herauszufiltern. Bereits jetzt ist der Zustand so besorgniserregend, wie das Institut für Ökologie der Technischen Universität Berlin im Auftrag des Kieler Umweltministeriums nachgewiesen hat, daß Umweltverbände wie die Arbeitsgemeinschaft Schlei von einem „kranken Sorgenkind Schlei" sprechen. Die AG Schlei, 1991 mit dem Landes-Umweltpreis ausgezeichnet, gab im September 1995 sechs Jahre nach ihrer Gründung übrigens resigniert auf, weil die ökologischen Probleme seitens der Politik und Verwaltung nach Ansicht der Schleischützer nicht konsequent genug angegangen werden. Verantwortlich für die intensive sommerliche Algenblüte vor allem im inneren Schleibecken vor Schleswig sowie der Kleinen und Großen Breite sind die rund anderthalb Millionen Tonnen Faulschlamm, die den Grund bedecken. Die teilweise bis zu einem Meter dicke Schicht tötet jegliches Leben und wächst Jahr um Jahr. Der Faulschlamm, eine Ansammlung früherer, schlechtgeklärter Abwässer und Ausspülungen von intensiv gedüngten Feldern nach der Jahrhundertwende, speichert Unmengen an Phosphor und setzt diesen Nährstoff bei entsprechenden Witterungsbedingungen im Sommer frei. 20 bis 30 Tonnen Phosphor gelangen auf diese Weise in die Schlei. Die Folgen sind ein nahezu ungebremstes Algenwachstum und Sauerstoffschwund beim Absterben der Algen. Die Faulschlammlager sorgen somit für eine Selbstdüngung der Schlei, die bereits zweimal so groß sein soll wie alle anderen Nährstoffeinleitungen zusammen. Sanierungsvorschlag der Ökologen: Abweichend von üblichen Standards und Vorschriften sollen ausgerechnet bodennah eingeführte Klärwerkseinleitungen mit bakteriell erzeugtem Nitrat (NO_3) dem Faulschlamm den Garaus machen. Um die größten unterseeischen Phosphatlager schnellstmöglich zu entschärfen, müßten die bei Schleswig an vier Stellen besonders mächtigen Schichten mit konzentrierten Nitratinjektionen behandelt werden, meinen die Wissenschaftler der TU Berlin in ihrem Schleigutachten.

Jeder möchte, nur zu verständlich, seinen Nutzen aus der einmaligen Landschaft ziehen, wandern, angeln, surfen, segeln, rudern, schwimmen, zelten, Motorboot fahren. Die Nachfrage jedoch scheint das Angebot, das die Natur den Urlaubern und Einheimischen macht, zuweilen zu übersteigen. 84 000 Bewohner in der Schleiregion, bald 750 000 Übernachtungen und fünf Millionen Kubikmeter Abwässer belegen die starke Beanspruchung des Gewässers. Die Öko-Statistiker liefern weiteres Material, mit dem sie an Rücksichtnahme und Maßhalten bei der Nutzung des Naturraums Schlei appellieren. 25 der 150 Uferkilometer sind verbaut, knapp 40 Badestellen, 11 Camping- und Zeltplätze sowie 18 Wochenendhausgebiete säumen das Ufer, 220 Häfen, Bojenfelder und Landliegeplätze bieten Platz für rund 4 000 Sportboote. Ebenso wie der Mensch braucht aber auch die Schlei Ruhezonen und Schutzräume. Man sollte sie respektieren, damit auch künftige Generationen noch die Chance haben, dichte Schilfgürtel und intakte Lebensräume nicht nur für Wasservögel vorzufinden.

Die Noore, hier das südlich von Sieseby gelegene Bukenoor, sind abgeschiedene Refugien. Dorthin ziehen sich nicht nur Wasservögel und laichende Fische zurück, auch naturverbundene Reiter streifen mit ihren Pferden auf einsamen Pfaden umher.

Bis zur Ostsee ist es noch weit: Mal ausladend wie ein See, mal schmal wie ein Fluß durchströmt der Meeresarm Schlei die in der Eiszeit durch Geröllmassen und Schmelzwasser entstandene Rinne auf einer Länge von 43 Kilometern. Breiten wechseln mit Engen, schilfumsäumte, stille Noore mit steinigen Steilufern. Die Segelschiffe wirken aus dieser Perspektive wie kleine weiße Tupfer in diesem einzigartigen Segelrevier. Ihren Besatzungen stehen bis zur Mündung der Schlei in die Ostsee noch beeindruckende Seemeilen bevor.

Die Rapsblüte im Mai, hier bei Klein Brodersby, bildet den Höhepunkt der Farbsymphonie an der Schlei. Sattgelb bestimmen die süßlich duftenden Blüten dieser Ölfrucht das Bild und unterstreichen durch die kontrastierende Wirkung die vielen Grüntöne der Landschaft. Wald, Wiesen, Wasser und mittendrin der weiße Segler – ein typisches Schleibild. Landwirtschaft, Natur und Freizeit in Harmonie nebeneinander – an der Schlei keine Seltenheit.

Die auf den Feldern von Angeln und Schwansen häufiger anzutreffende, aus Südamerika stammende Phacelia verwandelt das Schleiufer in ein sanft schwingendes lila Farbenmeer. Die Pflanze gilt als guter Dünger und wird nach der Blüte untergepflügt. Optischer Genuß und ackerbauliche Bedeutung verbinden sich hier in idealer Weise. Die stillen Noore wie das westlich von Sieseby gelegene Bukenoor sind bei Seglern beliebte Ankerplätze. Die Schlei und die sie umgebende Landschaft sind von einer solch natürlichen Schönheit, strahlen so viel Ruhe und Harmonie aus, daß nicht nur streßgeplagte Großstädter hier einen idealen Erholungsraum finden; auch die ruhesuchenden Fische ziehen sich zum Laichen hierhin zurück.

Der prächtige Schilfgürtel vor Sieseby bietet zahlreichen Vögeln, Insekten und Wassertieren Schutz. Im Hintergrund erkennt man das von sanften Hügeln geprägte Schwansener Schleiufer, vorn ragen die Reetdächer der unter Denkmalschutz stehenden Siesebyer Fachwerkhäuser aus dem üppigen Grün heraus. Eine Anlegebrücke für Segelschiffe und kleine Motorboote dient den Wassersportlern als willkommener Ausgangspunkt für Exkursionen an Land. Hier machen im Sommer auch die Ausflugsdampfer aus Kappeln und Schleswig fest, wenn Fahrgäste auf dem Siesebyer Anleger stehen.

Auch das ist die Schlei – vollkommen anders als die wogenden Rapsfelder oder die sanft hügeligen Weideflächen, die oft in langen Zungen weit in die Schlei hineinragen, zeigt sich dieser Uferabschnitt bei Bustorf. Das steinige Ufer mit den Granitblöcken läßt Gedanken an die gewaltigen Kräfte der Eiszeit aufkommen, in der die Schlei entstanden ist. Im Gegensatz zu diesen Zeugen der jahrtausendealten Entstehungsgeschichte steht das zart aufbrechende Grün der standhaften Eiche am steilen Ufer.

Die Dörfer und Städte, die wie Perlen am Wasserlauf der Schlei aufgereiht sind, sind alle einen Besuch wert. Von Wasser und Land ist die Schleiregion gleichermaßen reizvoll. Nicht jeder hat eine Segelyacht, aber die Ausflugsdampfer ab Schleswig, Kappeln und Maasholm helfen darüber hinweg: Die „Wappen von Schleswig“ beispielsweise legt ab Mitte Juni in Schleswig ab, fährt in dreieinhalb Stunden bis nach Schleimünde, hat dort drei Stunden Aufenthalt und ist abends wieder in Schleswig. Über Land kann der Besucher unter mehreren Möglichkeiten wählen. Natürlich gibt es Straßen, schöne Landstraßen zumal, die mehr oder weniger ufernah die Schlei begleiten. Auf der Angelner Schleidörferstraße, also auf der nördlichen Seite der Förde, erhascht der Autofahrer des öfteren den begehrten Blick, allerdings mit dem Nachteil, vornehmlich auf den Verkehr achten zu müssen. Und auf Schwansener Seite gelangt man über Landstraßen nur im Bereich der beiden Fähren in Missunde und Sundsacker, der beiden Brücken Lindaunis und Kappeln, in Sieseby und Winnemark ans Ufer. Geheimtips sind die kleinen Wege, die an die Schlei führen, wie etwa in Louisenlund oder bei der Königsburg in Bohnert. Es empfiehlt sich also, das Auto allenfalls als Transportmittel für Fahrräder, Rucksäcke oder Picknickkörbe zu nutzen und sich der Schlei genußvoller per pedes oder per Pedale zu nähern. Doch sollte man vor dem Ausflug die Wanderkarte oder ein Fremdenverkehrsamt zu Rate ziehen, wo die frei zugänglichen Wege verlaufen, denn ufernahe Viehhaltung und Ackerbau sowie geschützte Uferstreifen lassen kein durchgängiges Wandernetz zu.

Zurück auf die „Wappen von Schleswig“. Sobald der Schiffsdiesel anspringt, fühlen sich die Ausflügler wie Seeleute auf großer Fahrt. Und ab geht's von Schleswig über acht Stationen bis hoch nach Schleimünde – ein Tagestrip, der einfach zu einem Schleiurlaub gehört. Von See her erlebt man die Schlei pur; immer neue Eindrücke, backbord (links) wie steuerbord (rechts). Kaum ist der Dampfer in Schleswig – immer brav in der knapp 20 Meter schmalen Fahrrinne bleibend – auf Touren gekommen, erhebt sich mitten im Schleibecken die Möweninsel. Das kleine Eiland ist über und über von Lachmöwen bevölkert. Menschen haben dort keinen Zutritt. Danach geht es vorbei an der Schleswiger Skyline mit Dom, Holm und Zuckerfabrik, dem Haddebyer Noor und dem noblen Vorort Fahrdorf, und nun zeigt die Schlei in der Kleinen Breite erstmals, zu welcher Ausdehnung sie fähig ist. Die Ufer sind hier zwei Kilometer voneinander entfernt.

Wie ein enggeschnallter Gürtel wirkt dagegen die Stexwiger Enge, die Einfahrt zur Großen Breite, mit vier Kilometern breiteste Ausdehnung. Von backbord ragt das Naturschutzgebiet Reesholm weit in die Schlei hinein, steuerbord liegt der kleine Hafen Stexwig. Surfer fliegen über die schaumgekrönten Wellen, Segler haben hier ihr Domizil – die Große Breite steht ganz im Zeichen des Wassersports. Die Schlei ist hier sehr flach, sie erreicht gerade einmal zwei bis dreieinhalb Meter Tiefe. Ausflugsdampfer und langkielige Yachten tun daher gut daran, trotz des seeartigen Charakters des Gewässers wegen der Untiefen in der betonnten Fahrrinne zu bleiben! Am Schwansener Ufer grüßt aus gemessener Entfernung Schloß Louisenlund mit seiner herrlichen Parkanlage. Dort, wo schon der Graf von St. Germain im alchimistischen Labor des Freimaurerturms Glas in Edelstein verwandeln, Gold und sogar ein lebensverlängerndes Elixier herstellen wollte, erfahren jetzt junge Menschen Bildung und Erziehung. Louisenlund ist seit 1949 ein angesehenes Landerziehungsheim, das vor allem betuchte Hamburger Familien als ideale Bildungsstätte für ihre Sprößlinge ausgemacht haben. Errichtet hat das stattliche Herrenhaus von 1772 bis 1776 der damalige Statthalter Schleswigs, Landgraf Carl von Hessen. Er baute den früheren Ziegelhof, den der dänische König Christian VII. (1766–1808) 1770 seiner Schwester Louise, der Gemahlin des Landgrafen, schenkte, zu einer prachtvollen Sommerresidenz mit Parkanlage aus.

Die Große Breite wird hart backbord genommen, um die weit in die Breite hineinragende Halbinsel Kielfoot, einen beliebten Rastplatz für viele Zugvögel, zu passieren. Am Angelner Ufer, kurz vor der Missunder Enge, liegen die wohl schönsten, reetgedeckten Ferienhäuser, dezent zwischen parkähnlichen Gärten und lichten Schilfgürteln hindurchscheinend; für die Ausflügler ein Grund zum Schauen und Träumen an der Reling des Oberdecks. Neid ist hier fehl am Platze, zu sehr bilden Häuser, Ufer und Schlei eine Einheit.

Zwischen Kielfoot und der Hohen Kante bei Burg sowie in der Missunder Enge ist das Ufer fast beängstigend nah. Nach der Großen Breite mit 4 000 Meter Ausdehnung mißt die Schlei an ihrer schmalsten Stelle in Missunde nur 135 Meter; ein geschichtsträchtiger Ort, der mehrmals Schauplatz verlustreicher Kämpfe zwischen Preußen, Schleswig-Holsteinern und Dänen war. Das letzte Gefecht fand am 2. Februar 1864 statt, als der preußische Versuch, die Schlei bei Missunde zu überqueren, zunächst am starken Widerstand der dänischen Truppen scheiterte. Noch heute sollen im Fachwerk einzelner Missunder Häuser preußische Kanonenkugeln stecken. Nun ist es in Missunde zwar friedlicher, doch viel los ist an diesem bewegten Ort nach wie vor. Die Fähre befördert ständig Autos, Radfahrer und Fußgänger von einem Ufer zum anderen, allerdings nicht kostenlos wie bei künstlichen Wasserstraßen, etwa dem Nord-Ostsee-Kanal. Nicht nur in den Ferienhauskolonien, auf Angelner Seite in Burg „Klein-Westerland“ genannt, auch an den Anlegestegen vor dem „Fährhaus“ und dem benachbarten Campingplatz herrscht zuweilen dichtes Gedränge – Missunder Enge eben.

An zum Ufer hin sanft abfallenden Wiesen vorbei geht die Fahrt weiter Richtung Ulsnis. Ein kurzes, aber besonders interessantes Stück backbord und steuerbord der Fahrrinne graben sich in langen Buchten das Brodersbyer, das Missunder und das Ornumer Noor weit in die Landschaft hin-

ein. Eine weitere Schleiinsel taucht auf, Kieholm. Wieviele Kinder mögen dort wohl schon die Geschichte von Robinson Crusoe nachgespielt haben? Dem mit Bäumen, Sträuchern und Schilf bewachsenen Eiland haftet etwas von dieser abenteuerlichen Stimmung an, die Phantasie macht daraus schnell ein abgeschiedenes Südseefleckchen. Doch nicht nur Kinder, auch Jungverliebte dürften im Schutz der Bäume und Sträucher Inselromantik erlebt haben. Kieholm heißt nicht von ungefähr im Volksmund Liebesinsel. Auffallend ist die O-förmige Anordnung der Kieholmer Tannen. Der einstige Inselbesitzer Oskar „Patent" Jessen setzte so seinem Anfangsbuchstaben ein Denkmal.

Die „Königsburg" bei Bohnert am Schwansener Schleiufer wurde 1415 von König Erich von Pommern erbaut. Heute befindet sich an diesem historischen Standort eine erlebnispädagogisch orientierte Erziehungseinrichtung für Jugendliche.

Vorbei an der von König Erik von Pommern 1415 erbauten und noch heute so genannten Königsburg, wo Jugendliche unter dem Motto „outward bound" eine erlebnispädagogisch orientierte Erziehung erhalten, Goltoft backbord, Bohnertfeld steuerbord, an den abwechslungsreichen Ufern mit kleinen Steilhängen, an einem Laubwäldchen und einer einzigartigen Eichengruppe beim Hakenhöfter Noor, an kuppigen Wiesen und breiten Schilfgürteln entlang, geht es über Ulsnis Richtung Lindaunis. Hinter dem Bootsanleger Ulsnis liegt das ausladende, weitgehend unberührte Gunnebyer Noor mit seinen schilfbewachsenen Ufern. Viele Fischarten nutzen die Abgeschiedenheit zum Laichen. Gegenüber von Lindaunis mit seiner bekannten Brücke liegt Gut Stubbe, das seinen Namen von „stubben" erhielt, was soviel wie Waldrodung bedeutet. Stubbe war im Mittelalter Standort einer bischöflichen Burg.

Halbzeit in Lindaunis: Die Schlei ist nach knapp zweistündiger Fahrt zur Hälfte erkundet. An der Brücke treffen mit Straße, Schiene und Schlei gleich mehrere Verkehrswege aufeinander, deren Koordinierung auf höchst liebevolle Weise geschieht – auch wenn es für den eiligen Autofahrer regelmäßige Zwangspausen im Stundentakt gibt. Das Brückenbauwerk paßt in die Schleilandschaft. Unaufgeregt, ja fast sinnlich versieht die Klappbrücke seit 1926 ihren Dienst. Sie ist äußerst schmal, läßt gerade einmal Platz für eine Autobreite. Wer zum erstenmal über die Brücke fährt, wird vielleicht etwas unsicher sein und sein Fahrzeug mit besonders festem Griff über die Holzbohlen lenken, denn ein Schienenstrang läuft mitten durch die Spur. Die Brücke ist Teil der Bahnlinie Flensburg–Kiel und wird mehrmals täglich von der Regionalbahn überquert. Von Zusammenstößen mit Autos ist bislang nichts bekannt – die Brückenwärter lassen rechtzeitig die Schranken fallen. Vor kurzem hat jedoch „Kollege Computer" die Arbeit der Brückenwärter übernommen. Fein abgestimmt auf den Fahrplan der Bahn und auf den Autoverkehr ist der Schiffsverkehr auf der Schlei. Einmal pro Stunde haben im Sommer die Segelboote Vorfahrt. Immer 15 Minuten vor der vollen Stunde begibt sich die Klappbrücke behäbig in die Senkrechte und macht den Weg frei für die kreuzenden Yachten. Die meisten Autofahrer nutzen die viertelstündige Wartezeit, steigen aus und schauen sich das Schauspiel an.

An diesem nicht nur verkehrstechnisch, sondern auch landschaftlich herausragenden Schleiabschnitt geht seit mehreren Jahren auch der ZDF-Landarzt seinem Beruf nach. In Lindauhof auf Angelner Seite rücken regelmäßig zur schönsten Jahreszeit die Filmleute an und bannen die Geschichten um Dr. Matthiesen und seinen Nachfolger Dr. Teschner auf Zelluloid. Hauptrollen nehmen in jeder Folge aber auch die Schlei, die herrliche Landschaft und umliegende Orte wie Kappeln (in der Serie „Deekelsen" genannt) ein – für die Schleiregion eine vortreffliche, kostenlose Werbung zur besten Sendezeit. Mit der 1837 erbauten Holländermühle hat Lindaunis aber auch eine Sehenswürdigkeit älterer Art zu bieten!

Nur 135 Meter breit ist die Schlei bei Missunde, dichter liegen die Landschaften Angeln und Schwansen nirgendwo beieinander. Die Missunder Enge, so die passende Bezeichnung dieses Schleiabschnitts, bietet sich für eine Fährverbindung förmlich an. Gesichert durch ein dickes Stahlseil, überquert die Autofähre das an dieser Stelle flußartige Gewässer. Einmal in Bewegung, heißt es Obacht für alle anderen Wasserfahrzeuge. Der Missunder Fährmann kassiert an Bord für das Übersetzen. Abends muß man ihn per Klingelzeichen vom gegenüberliegenden Ufer herbeirufen; um diese Tageszeit verschiebt sich bisweilen auch sein Dienstschluß, wenn er beispielsweise auf einen Arzt wartet, der nach einem Hausbesuch wieder auf die heimatliche Uferseite zurückbefördert werden muß.

Vorsicht Fährseil
Motor abstellen

Den Frühaufstehern ist diese heile, unberührte Welt vorbehalten; noch nicht ganz Tag, aber auch nicht mehr Nacht. Wie eine glänzende Metallplatte ruht die Schlei – träge, schwer, noch verschlafen. Kein Windhauch bricht die allumfassende, fast greifbare Ruhe, die nicht einmal die Klappbrücke von Lindaunis zu stören wagt. Man möchte nicht eindringen, nur betrachten.

Eine Stahlkonstruktion in Bewegung: Die 1926 in Lindaunis installierte Klappbrücke gibt den Weg frei für den Schiffsverkehr. Die Autos müssen warten, und die Eisenbahn ist irgendwo auf der Strecke zwischen Kiel und Flensburg unterwegs. Drei Verkehrswege treffen sich hier in Lindaunis. Erste Priorität genießt die Bahn, die den Fahrplan einhalten muß, dann kommen die Autos, Radfahrer und Fußgänger. Und in den Sommermonaten haben pünktlich von Viertel vor bis zur vollen Stunde die Segler Vorfahrt. Die urtümlich wirkende Architektur der Brücke paßt zur Schlei, ist kein Fremdkörper, sondern fügt sich harmonisch in die beeindruckende Naturlandschaft ein.

G 2121

Ein wahrhaft idyllisches Plätzchen für die Medizin; fast möchte man sagen, das gibt es doch nur im Film. Stimmt! TV-Landarzt Dr. Teschner praktiziert im kleinen Herrenhaus von Lindauhof an der Schlei. Eine kostenlose Werbung für den Fremdenverkehr; der Drehort ist zum Ziel wahrer Besucherströme geworden, die an der Schlei auf den Spuren von Walter Plathe, Heinz Reincke oder Antje Weisgerber, den Sympathieträgern der ZDF-Vorabendserie, wandeln möchten.

Von Arnis erstreckt sich nach Westen die sogenannte Lange Breite, ein ideales Segelrevier. Die Ostsee haben diese Skipper längst hinter sich gelassen und genießen jetzt die natürliche Beschaulichkeit der sanftmütigen Förde. Die betonnte Fahrrinne weist ihnen den Weg von Schleimünde bis Schleswig.

Hinter der verschlungenen Landschaft mit Kleinem und Großem Nis, Norder- und Süderhaken erfährt das Schleibett über eine etwa elf Kilometer lange Distanz eine gewisse Beruhigung. Der Teilabschnitt zwischen Lindaunis und Arnis wird wegen seiner konstanten Ausdehnung zwischen eineinhalb und zwei Kilometern auch Lange Breite genannt. Abseits gelegene Bauernhöfe, Gutshöfe und kleine Dörfer prägen die Ufer. Wanderer sind auf Schwansener Seite zwischen Sieseby, Gut Bienebek und Winnemark bestens aufgehoben. Wem es reicht, die Schlei vom Auto aus zu erleben, der hat dazu am Angelner Ufer zwischen Pageroe und Karschau eine einmalige Gelegenheit, die Straße verläuft direkt an der Schlei entlang.

Das Schwansen-Dörfchen Sieseby, dessen romantischer Reiz immer mehr illustre Zweitwohnungsinhaber aus Hamburg oder Berlin anzieht, ist in der Tat bemerkenswert. Die reetgedeckten Fachwerkhäuser, die malerisch zwischen alten Baumbeständen am Schleiufer liegen, lassen nicht nur die Herzen der Bewohner höher schlagen. Das Alte hat hier Bestand, wird fein herausgeputzt, wie auch das Beispiel der um 1200 erbauten Siesebyer Kirche mit ihren drei Giebeldächern zeigt, die Baumerkmale der Romanik, Gotik, des Barocks und späterer Jahrhunderte zu einem gewachsenen Ganzen vereint. Einer Legende zufolge soll der Standort der Kirche deshalb gewählt worden sein, weil sich auf schneebedecktem Feld ein großes Kreuz abzeichnete – ein göttliches Zeichen für die Mönche aus Stubbe.

Im ehemaligen Pastorat direkt nebenan geht es heute weitaus weniger religiös, dafür aber deliziös zu. Köstliche Düfte durchziehen Räume und Umgebung. Hier hat der bekannte „Schlie-Krog“ sein Domizil gefunden. Peter Möllers schmackhafte und exquisite Küche ist vielgerühmt

Vor allem im Fisch-Fach hat es der gebürtige Schleswiger weit gebracht. Nicht umsonst macht dort alljährlich das schleswig-holsteinische Gourmetfestival Station. Das ehemalige Pastorat gehört übrigens dem herzoglichen Haus zu Schleswig-Holstein, Sonderburg, Glücksburg, wie übrigens auch das gesamte untere Dorf Sieseby mit seinen romantischen Fachwerkhäusern. Wer sich nach einem vortrefflichen Mahl die Beine vertreten möchte, sollte den idyllischen Wanderweg schleiabwärts zum Gut Bienebek einschlagen. Drei Kilometer geht es am schilfbewachsenen Ufer entlang, bis das herrlich gelegene Gut auftaucht. 1887 kaufte Herzog Friedrich-Ferdinand zu Schleswig-Holstein, Sonderburg, Glücksburg das Anwesen, das seitdem Wohnsitz der herzoglichen Familie ist.

Drei Werften, Boote über Boote, eine Fähre und der leuchtend blaue Stelzenbau des Restaurants „Schleiperle“ sind das erste, was man von der Stadt Bad Arnis sieht. Dem nur 383 Einwohner (Stand Mai 1995) zählenden Gemeinwesen wurde 1934 das Stadtrecht zuerkannt. Vorher war Arnis ein „Flecken“ – ein Mittelding zwischen Dorf und Stadt. Über das Zustandekommen des „Bad“-Zusatzes gibt es keine amtlichen Unterlagen, dafür aber einige Legenden. Einer Überlieferung zufolge wollte einmal ein Kaiser seinen Sprößling zur Kur schicken. Da dieser aber liebend gern segelte, schlug der gewiefte Kaiserssohn seinem Vater vor, ihn doch nach „Bad“ Arnis statt in ein anderes Bad zu schicken. Der Kaiservater willigte ein; der Sohn kam und ging, der Titel blieb.

Wer glaubt, die nicht einmal 400 Arnisser könnten sich in ihrer Stadt genüßlich ausbreiten, der irrt: Sie müssen eng zusammenrücken, denn mehr als die Hälfte des Stadtgebiets sind Wasser- und Moorflächen. Rückgrat und Charakter haben die Ur-Arnisser in Gründertagen bewiesen, als sie Haus und Hof in Kappeln verließen und sich auf einem neuen Fleckchen Erde, eben Arnis, ansiedelten. Sie haben den Drangsalierungen derer von Rumohr, der Kappelner Stadtherren, tapfer getrotzt und leisteten den verlangten Untertaneneid nicht. Ihnen war die Ehre wichtiger als ein Leben in Sicherheit, aber Unfreiheit. 64 Kappelner Familien dachten so und haben am 11. Mai 1667 nach heftigen Auseinandersetzungen mit der knechtenden Obrigkeit mit Erlaubnis des Gottorfer Herzogs Christian Albrecht ein von Fischreihern bevölkertes Inselchen besiedelt. Der Name „Arnis“ geht vermutlich auf eine Verknüpfung von „Aar“,

Der „Schlie-Krog“ in Sieseby ist ein Gourmet-Tempel mit hervorragendem Ruf. Pächter Peter Möller versteht sich besonders auf die Zubereitung von frischem Fisch, den es in der nahe gelegenen Schlei reichlich gibt. Alljährlich tafeln hier auch Gäste im Rahmen des schleswig-holsteinischen Gourmetfestivals.

Landzunge der ehemaligen Insel, mit der dänischen Silbe „nis“ für „hohes Land“ zurück. Von der vor 1667 noch unbewohnten Insel aus bauten die Arnisser Dämme, 1796 den ersten und 1869 den zweiten, der schließlich für die Trockenlegung und die feste Verbindung nach Angeln sorgte. Einst Asyl für 300 wackere Kappelner, ist Arnis heute ein Traum für Segler in einem der schönsten Reviere.
Um von Arnis in Angeln nach Sundsacker in Schwansen zu kommen, benötigt man eine Fähre. Will man von Sundsacker nach Arnis übersetzen – etwa um die Schwonsburg, ein von der herzoglichen Familie vermietetes, direkt südlich von Sundsacker gelegenes Anwesen in traumhafter Lage, vom gegenüberliegenden Ufer aus zu bewundern –, so muß das dem Fährmann auf der anderen Seite mit einem schräg gestellten Signal angezeigt werden. Tut man dies nicht, rührt sich auch nichts. Die erste Fähre wurde 1826 in Dienst gestellt, bewegt wurde sie durch Muskelkraft des Fährmanns – und die der Fahrgäste. Nicht nur Reisende, auch Speck, Schinken, Wurst, Käse und Korn wurden so von den reichen Gütern in Schwansen über die Schlei zum Umschlaghafen in Arnis gebracht. Zu dieser Zeit, Mitte des 19. Jahrhunderts, war Arnis ein wichtiger Handelsplatz. Man besaß eine große Flotte, die 1864 immerhin 88 Schiffe umfaßt haben soll. Seefahrer und Kaufleute aus Arnis befuhren die Weltmeere und kamen zu erheblichem Wohlstand. Vor allem Kopenhagen war für sie ein beliebter und gewinnbringender Handelsplatz. Damals erlebte der Ort seine Blütezeit, was sich an der Einwohnerzahl ablesen läßt, 1864 lebten hier 1 054 Menschen.
1864 war auch in geschichtlicher Hinsicht ein bedeutendes Jahr: Preußische und österreichische Truppen schafften bei Arnis den noch in Missunde verwehrten Schleiübertritt und besiegelten damit das Ende der dänischen Herrschaft im Landesteil Schleswig. Doch mit dem Rückzug der Dänen und der neuen Grenzziehung verlor Arnis wichtige Absatzmärkte. Nicht nur der Handel lag darnieder, auch die Bevölkerungszahl nahm rapide ab. 1905 lebten nur noch 436 Bürger in Arnis. Von der bewegten Vergangenheit der Stadt als Seefahrerort zeugt die 1673 im Fachwerkbau errichtete Schifferkirche. Zwar ist nur noch eine Wand im Fachwerkstil erhalten geblieben, doch gibt es im Inneren eine Besonderheit zu entdecken. An der Decke hängen in Erinnerung an die blühende Handelsschiffahrt handgefertigte Miniaturschiffe, die einzigartigen Votivschiffe. Es sind fast alles getakelte, bewaffnete Segelschiffe aus dem 18. und 19. Jahrhundert, die die Kirchgänger auch während der Predigt ständig vor Augen haben. Das größte Votivschiff, die Dreimastgaliote „Privilegia“, ein Walfänger aus der Zeit von 1739 bis 1785, wurde 1971 gestohlen und ist noch nicht wieder aufgefunden worden. Drei intakte und gefragte Werften, ein Fischerei- sowie ein großer Yachthafen und der aufstrebende Tourismus in der Schleiregion sichern das wirtschaftliche Überleben der kleinsten Stadt Deutschlands mit ihrer eindrucksvollen kopfsteingepflasterten, 600 Meter langen Lindenallee „Lange Straße“.
Nur wenige Kilometer schleiabwärts wartet mit Kappeln die nächste Stadt auf einen Besuch. Kappeln ist schon rein äußerlich als Stadt erkennbar und hat rund 10 000 Einwohner. Hinter den Schiffsveteranen im Museumshafen sowie den Ausflugsdampfern „Stadt Kappeln“ und dem Oldtimer „Bente“ im Südhafen versperrt hier die 1927 in Betrieb genommene und kurz vor dem Abriß stehende Drehbrücke den Wasserweg. Nur zur vollen Stunde läßt sie die Schiffe durch, ansonsten hat der Autoverkehr Vorrang. Hinter der Brücke liegt backbord die etwas ruppig wirkende, von Fahrgastschiffen und Bussen in Beschlag genommene Hafenmeile mit ihren Kneipen, Restaurants und Vergnügungsstätten. Daß die Stadt diesen Zustand wohlwollend duldet, leuchtet ein: Anderthalb Millionen Fahrgäste pro Jahr auf den sieben bis acht eingesetzten sogenannten „Butterdampfern“ lassen die Kasse klingeln – 600 000 Mark nimmt die Stadt jährlich durch Kai- und Hafengebühren ein. Zudem hängen 600 Arbeitsplätze an diesem Wirtschaftszweig. Die übrige Tonnage im Hafen hat weniger berauschenden Charakter als die auf See gekauften Genußmittel; 70 000 bis 80 000 Tonnen Getreide, Raps, Düngemittel und Kalk werden jährlich in Kappeln umgeschlagen. In den nächsten Jahren jedoch wird der Kappelner Hafen sein Aussehen verändern. Er soll neu gestaltet werden, und eine neue vierspu-

Die reetgedeckten Katen am Siesebyer Schleiufer stehen unter Denkmalschutz. Sie befinden sich im Besitz der herzoglichen Familie zu Schleswig-Holstein, Sonderburg, Glücksburg und werden liebevoll gepflegt.

rige Klappbrücke wird dann die Hauptverkehrsadern in Angeln und Schwansen, die Nord- und die Schwansenstraße, auf direkterer Linie verbinden – hoffentlich gelingt die „Schönheitsoperation".
Steuerbord aber wartet für den auf Fischereiromantik eingestellten Gast die Entschädigung für die hektische Betriebsamkeit des Wirtschaftshafens: die letzten mittelalterlichen Heringszäune Europas. Früher soll es zwischen Arnis und Maasholm 43 davon gegeben haben. Tonnenweise verfangen sich im Frühjahr die zu ihren Laichplätzen in der Schlei ziehenden Heringe in dem Labyrinth aus Zäunen, Netzen und Reusen.
Die zur Fußgängerzone ausgebaute Haupteinkaufsstraße ist nur einen Steinwurf entfernt. Mittendrin steht majestätisch die von 1789 bis 1793 erbaute St.-Nicolai-Kirche mit ihrem kupfernen Dach. Sehenswert ist der Altar des Eckernförder Meisterschnitzers Hans Gudewerdt. Ebenso wie die Kirche überragt die 1888 errichtete, erst 1960 stillgelegte Holländermühle, liebevoll „Amanda" genannt, Stadt und Hafen. Mit über 30 Meter Höhe ist sie die größte Windmühle Schleswig-Holsteins. Heute ist die Mühle Sitz des Fremdenverkehrsvereins und Schauplatz romantischer Hochzeiten – im Untergeschoß residiert nämlich das Standesamt. Daneben prägen Getreidesilos und die drei mit A-A-L beschrifteten Schornsteine der vom „Räucherimperium" übriggebliebenen Fischräuchereien das Stadtbild.
Namensgeberin Kappelns dürfte eine Kapelle gewesen sein, die vermutlich während der Christianisierung zwischen 850 und 980 Ausgangspunkt der Besiedlung war. Die erste urkundliche Erwähnung datiert aus dem Jahr 1357. Die Besitzverhältnisse Kappelns wechselten ständig zwischen klerikalen und adligen Herrschern. Erst 1797 endete diese Art der Regentschaft mit dem Adelsgeschlecht von Rumohr. Wie auch in Arnis florierte der Handel unter dänischer Flagge und erfuhr einen Einbruch, als die nordischen Absatzmärkte nach 1864 abrupt verlorengingen. Das Stadtrecht bekam Kappeln 1870 zugesprochen, es feierte im Mai 1995 den 125. Jahrestag der „Stadtwerdung".
Ende Mai/Anfang Juni platzt Kappeln jedes Jahr aus allen Nähten. Die Kappelner Heringstage, das am Himmelfahrtstag beginnende, mehrtägige Volksfest, lockt bis zu 30 000 Besucher in die Stadt. Höhepunkt des Festes ist die Heringswette: Derjenige Kandidat, dessen Tip dem Gewicht des gefüllten und kurz hochgehievten Heringsnetzes am nächsten kommt, wird zum Kappelner Heringskönig gekürt. Der gute Ruf dieses Festes geht mittlerweile um die Welt. Sogar im heißen Afrika, genauer in Abuja, der neuen Hauptstadt Nigerias, finden die Kappelner Heringstage Nachahmer. Tiefgefrorene

Der Hering spielte früher eine wesentliche Rolle für die Stadt Kappeln. Daran erinnert noch der einzige erhaltene und funktionstüchtige Heringszaun aus dem Mittelalter. Früher soll es allein zwischen Arnis und Maasholm 43 Heringszäune gegeben haben.

Schleiheringe wurden eigens nach Westafrika geflogen, um dort von den rund 700 Deutschen genüßlich verzehrt zu werden. Und zum Mahl spielte der nordfriesische Barde Knut Kiesewetter. Übrigens gelang in Abuja auf Anhieb, was in Kappeln erst 1995 beim 17. Anlauf glückte. Eine junge Frau wurde auf den Thron gehoben. Bei den 18. Kappelner Heringstagen 1996 wird sie als Ehrengast an der Schlei erwartet.
Außer von Schiffen und Fischen in allen Variationen lebt Kappeln in erheblichem Maße von der Marine. In Olpenitz und Ellenberg, den beiden Stützpunkten, haben über 40 Prozent der Kappelner ihren Arbeitsplatz. Durch die 1974 vollzogene Eingemeindung von Mehlby und Kopperby mit seinen Ortsteilen Ellenberg und Olpenitz machte Kappeln nicht nur einen Schritt über die Schlei auf Schwansener Terrain, sondern verleibte sich auch die Soldaten einer Marinewaffenschule und eines Marinehafens ein. In der Fläche wuchs die Stadt dadurch schlagartig von 384 auf 4 300 Hektar an, die Einwohnerzahl schoß sprunghaft von 4 600 auf über das Doppelte in die Höhe. Wie sehr Kappeln und das Umland die Truppe als Arbeitgeber schätzt, bewies der Protest von über 5 000 Menschen, als Pläne über die Schließung des Stützpunkts Olpenitz veröffentlicht wurden. Der Protest war erfolgreich, Olpenitz bleibt. Im Zuge des Truppenabbaus wird jedoch die Ellenberger Waffenschule wohl im Jahr 2005 geschlossen.
Ebenso wie der Hering und die Marine spielen die Doctores Matthiesen und Teschner große Rollen in Kappeln. Zwar heißt die Schleistadt als Filmstadt „Deekelsen“, doch in all den Jahren, in denen das ZDF seinen „Landarzt“ einem Millionenpublikum präsentiert, haben mittlerweile wohl alle Zuschauer herausgefunden, wo die Landschaften und Städtchen gefilmt wurden – an der Schlei. Jede der wöchentlichen Folgen mit den Stars Walter Plathe, Heinz Reincke, Gerhard Olschewski, Gerd Haucke oder Antje Weisgerber, die während der Dreharbeiten größtenteils in Kappeln und Umgebung wohnen, wirkte sich positiv auf die Buchungszahlen aus. Kappelns Vermieter registrierten 1994 nicht zuletzt wegen der kostenlosen PR durch den TV-Dauerbrenner 400 000 Übernachtungen – Tendenz steigend. Der Fremdenverkehr ist mittlerweile Kappelns Wirtschaftsfaktor Nummer eins.
Nach dem urbanen Zwischenstopp an der letzten Schleienge ist die Ostsee nicht mehr weit. Scharf steuerbord geht es durch den Rabelsund nach Maasholm, der letzten dörflichen Bastion vor der freien See; Schleimünde ist schon in Sicht. Maasholm ist geprägt von einer stattlichen Fischereiflotte und einem imposanten Yachthafen. Auch der Seenotrettungskreuzer „Nis Randers“ liegt am Kai, startklar für seine lebensrettenden Missionen. Maasholm verfügt wahrlich über einen außergewöhnlichen Standort: Die Fischersiedlung liegt auf einer schmalen Landzunge quasi mitten in der Schlei und zugleich schon Auge in Auge mit der offenen See. Surfer nutzen das flache, haffartige Gewässer um das Dorf zu ausgedehnten Wellenschlägen, Segler suchen gern den schutzgebenden Yachthafen auf, Angler gehen auf Hochseetour, und die Besucher erfreuen sich am maritimen Charme des Fischerdorfs. Maasholm wurde 1701 von sturm- und flutgeplagten Bewohnern der bisherigen Siedlung (Maas: „auf dem Hügel gelegen“) gegründet. Noch heute werden in den Flachwasserzonen Schleimündes Tonscherben aus damaliger Zeit gefunden. Mitte des 19. Jahrhunderts wurde hier mit 40 Schiffen reger Handel mit Lebensmitteln betrieben. Später haben Fischerei und Fremdenverkehr die dominierende Rolle übernommen.
In Schleimünde, einer Exklave Kappelns, angekommen, heißt es nach 43 Kilometern erlebnisreicher Fahrt Abschied nehmen von der Schlei – aber nicht, ohne sich in die „Giftbude“ gewagt zu haben. Diesen bedrohlichen Namen (woher er kommt, kann niemand genau sagen) trägt eine nur vom Wasser aus erreichbare Kneipe an der Schleimündung. Hinter der 150 Meter breiten Aus- und Einfahrt mit dem 1871 erbauten, 28 Meter hohen Leuchtturm auf der Nordmole liegt die freie See. Außer dem Vogelwart wohnt niemand in dem sich hier nördlich anschließenden 120 Hektar großen Grenzgebiet zwischen Land und Meer, zwischen Schlei und Ostsee. Auf dieser Halbinsel, im Naturschutzgebiet Vogelfreistätte Oehe-Schleimünde, genießen die seltenen Zwergseeschwalben sowie Rotschenkel, Austernfischer und Säbelschnäbler Priorität. 30 Vogelarten finden im Naturschutzgebiet ein störungsfreies Rückzugs- und Brutgebiet, Zugvögel tanken hier Energie auf. Aber auch Pflanzenliebhaber freuen sich darüber, daß dort Grasnelken, Stranddisteln und Meerstrandkohl prächtig gedeihen. Auf geführten Erkundungen kann man die beeindruckende Natur am nördlichsten Schleizipfel erleben. Der Abschied fällt schwer, wird aber für die meisten Besucher nur von kurzer Dauer sein – sie kommen wieder.

Die frühsommerlichen Farben der Schleilandschaft: Gelb, Grün und Blau. Wie ein blaues Band teilt die Schlei westlich von Sieseby die von Raps und Baumkronen geprägten gelb-grünen Ufer. Mittendrin weiße Segelboote – Kurs Ostsee mit rotem Spinnaker, Kurs Schleswig mit Motor. Die Schlei schafft Begegnungen, nicht nur zwischen Seglern, sondern auch zwischen Mensch und Natur.

Hier läßt's sich gut leben. Die Keimzelle des malerischen Schleidörfchens Sieseby, das am Ufer gelegene Unterdorf, ist in ihrer Gesamtheit zum Baudenkmal erklärt worden. Die alten reetgedeckten Fachwerkhäuser rechtfertigen diesen besonderen Status. Sie sind im Besitz der herzoglichen Familie zu Schleswig-Holstein, Sonderburg, Glücksburg, die ein wachsames Auge auf die Kulturgüter hat. Die Mieter dieser Traumhäuser ziehen mit der Herzogsfamilie an einem Strang und tragen durch liebevolle Pflege zum Erhalt der Katen bei.

Im Schutz alter Linden liegt die um 1200 erbaute Siesebyer Kirche. Auffallend ist die Dachkonstruktion des einschiffigen Gotteshauses mit drei Giebeldächern. Das Westportal wurde erst 1819 im Zuge von Renovierungsarbeiten geschaffen; damit endete die bis dahin gültige Sitte, daß Frauen und Männer auf unterschiedlichen Wegen durch die Nord- und Südtür auf die ihnen zugewiesene Seite gelangten. Die ehemalige Leichenhalle an der Südseite dient heute als Schuppen, und im zweiten kleinen Anbau ist ein Ehrenmal untergebracht. Die alte, gewachsene Friedhofsanlage, die auch über eine malerische Lindenallee betreten werden kann, fügt sich trefflich in die Dorfstruktur ein und ist ein beschaulicher Ort der Besinnung, des Gedenkens und der Ruhe. Den Standort der Kirche bestimmten einer Legende zufolge Mönche vom einstigen Bischofssitz Stubbe, als sie sahen, daß bei Schneefall ein Fleckchen Erde in Form eines Kreuzes nicht mit Schnee bedeckt worden war.

Arnis ist zwar mit nicht einmal 400 Einwohnern die kleinste Stadt Deutschlands, doch für Freunde des Segelsports ist sie ganz groß. Viele Liegeplätze befinden sich geschützt in einer Bucht, und der Holzbootbau hat unter Seglern einen legendären Ruf. Während der Blütezeit der Arnisser Handelsschiffahrt hatten hier Mitte des 19. Jahrhunderts 88 Schiffe ihren Heimathafen. Die in der Schifferkirche aufgehängten Votivschiffe zeugen von der bewegten Vergangenheit. Seit 1826 gibt es einen Fährverkehr zwischen Arnis in Angeln und Sundsacker in Schwansen.

Bad Arnis
„Zur Schleiperle"
Café u. Restaurant auf der Schlei

Ein Café und Restaurant in der Schlei – die „Schleiperle" in Arnis. Hier können die Skipper direkt anlegen, um fangfrischen Fisch oder leckeren Kuchen zu genießen. „Landratten" erreichen das beliebte Ausflugslokal ganz einfach über eine Brücke. Das strahlende Blau des Holzhauses auf der Plattform ist weithin zu sehen und unterstreicht die freundliche und außergewöhnliche Atmosphäre, die in ihm herrscht; das Lokal trägt seinen Namen nicht zu Unrecht!

Der Wind treibt sein Spiel mit den goldgelben Ähren der Gerste. Getreideanbau und Viehhaltung bestimmen das Landschaftsbild in weiten Teilen Angelns und Schwansens. Die Menschen hier leben mit und von der Natur. Die wogenden Ähren weisen den Weg nach Süden, nach Kappeln. Am Horizont erhebt sich der Turm der Ende des 18. Jahrhunderts erbauten St.-Nicolai-Kirche über die Stadt.

Eine bemerkenswerte Silhouette, die sich selbst scheinbar nur zu gern im Spiegel der Schlei betrachtet: Kappeln ist eine lebhafte und schöne Hafenstadt mit markanten Bauwerken. Zu ihnen gehören die mit über 30 Meter Höhe größte Windmühle Schleswig-Holsteins mit Namen „Amanda“, die prächtige St.-Nicolai-Kirche mit ihrem kupfernen Dach und einem meisterhaften Gudewerdt-Altar sowie die 1927 erbaute Drehbrücke über die Schlei, die in Kürze einer modernen Klappbrücke weichen muß. Im Kappelner Hafen wird noch Fisch geräuchert, wie die mit „A-A-L“ beschrifteten Schornsteine deutlich bekunden, und Getreide umgeschlagen: Außerdem werden jährlich rund anderthalb Millionen Fahrgäste mit sogenannten „Butterdampfern“ auf zollfreie Einkaufstour geschickt.

Am Ende des Labyrinths aus Pfählen und Geflecht nehmen die in Europa einzigartigen Kappelner Heringszäune im Frühjahr tonnenweise die silbrigen Fischleiber auf. Entgehen die Heringe den Zäunen und Reusen, warten in Kainähe die goldenen Haken der Angler auf sie. Dem Hering zu Ehren tauften die Kappelner ihr größtes Volksfest „Heringstage", auf dem als Höhepunkt ein „Heringskönig" gekürt wird.

Ein Bild der Ruhe und Einkehr vermittelt der Anblick der nach getaner Arbeit zum Trocknen aufgehängten Reusen vor der Kirche in Maasholm. So mag es auch schon vor 100 Jahren hier ausgesehen haben. Die Fischerei hat Tradition in Maasholm, ebenso wie die Kirche in der Schleiregion, deren Glaubensbekenntnis vor 1000 Jahren durch die ersten Missionare dem einst heidnischen Volk in der Wikingerzeit vermittelt wurde.

MAA 19
MAA19
MAA13

Der Yachthafen mit seinem endlosen Mastenwald hat der traditionellen Fischerei wirtschaftlich den Rang abgelaufen. Das Geld wird heute eher auf dem Sektor Freizeitsport und Tourismus verdient als mit dem Netz auf hoher See. In Maasholm gibt es noch beides, die Marina und den Fischereihafen. See- und Schleute kommen hier auf ihre Kosten. Maasholm ist der letzte Hafen an der Schlei vor dem offenen Meer und erster Anlaufpunkt nach einem Ostseetörn – Zeit zum Auftanken und Aufklaren.

D·19

Schleimünde – hier vereinen sich der Meeresarm Schlei und die Ostsee. Nur 150 Meter breit ist der Durchstich, der Ende des 18. Jahrhunderts die Nehrung von Gut Olpenitz teilte und den Schleizugang sicherte, der ursprünglich weiter nördlich lag und versandete. Von Versandung ist auch die heute durch Steinmolen geschützte Einfahrt bedroht, weshalb ab und zu ausgebaggert werden muß. Der schwarzweiß gestreifte, 28 Meter hohe Leuchtturm auf der Nordmole wurde 1871 erbaut.

Der Urlauber an der Schlei, ob er nun in einer der gemütlichen, kleinen Pensionen, in einem Gasthaus, Hotel oder vielleicht sogar auf einem Bauernhof Quartier gefunden hat oder mit Zelt, Wohnmobil oder Wohnwagen auf einem der vielen Campingplätze untergekommen ist, befindet sich mitten in einer der schönsten Naturlandschaften Deutschlands. Durchatmen, entdecken, genießen. Die Schlei ruht in sich selbst und gibt etwas von dieser Atmosphäre der Entspannung an die Besucher weiter. Hat diese Atmosphäre die Gründer einiger Bildungsstätten und Erziehungseinrichtungen inspiriert? Nennenswert sind das Landerziehungsheim Louisenlund, das „Outward-bound"-Haus auf der Königsburg bei Bohnert, das Kinderheim in Ulsnis und das Familienerholungsheim in Sundsacker. Vielleicht hat diese wohltuende Wirkung der Landschaft aber auch adlige und hochadlige Familien bewogen, ihren Sitz am Ufer der Schlei zu nehmen. Auf zehn Gutshöfen, gelegen in unmittelbarer Schleinähe, prägen ihre Herrenhäuser die Landschaft, und sie stellen in ihrer Eigenart ein wichtiges Kulturerbe dieser Region dar. Mal herrschaftlich, mal eher schlicht: Louisenlund, Stubbe, Krieseby, Bienebek, Carlsburg und Olpenitz am südlichen, Lindau, Roest, Buckhagen und Oehe am nördlichen Schleiufer zeugen von der einstigen Dominanz der Adelshäuser in der landwirtschaftlich strukturierten Schleiregion, die teilweise auch noch heute Bestand hat. Bekannte Adelsfamilien wie Sehestedt, Rantzau, Ahlefeldt, Rumohr, von der Wisch, Buchwaldt oder Pogwisch wechselten einander als Gutsbesitzer ab. Auch Adel und Klerus verstanden es, Geschäfte miteinander zu tätigen. Gehöfte, Güter, ja ganze Dörfer wurden innerhalb der schleswig-holsteinischen Ritterschaft durch Kauf, Konkurs, Tausch oder Heirat von Familie zu Familie weitergegeben. Viele der Gutsarbeiter waren noch bis vor 200 Jahren Leibeigene. Heute sind es mitunter nicht unvermögende „Bürgerliche", die in den Herrenhäusern das Sagen haben.

Jedes der zehn Güter an der Schlei hat seine eigene bewegte Geschichte. Beispielsweise die repräsentative Sommerresidenz des Landgrafen Carl von Hessen, Louisenlund, mit Park, einstigem Freimaurerturm mit Flüstergalerie und der Eremitage, das von Hochwasser und Sturmfluten gepeinigte Insel-Gut Oehe („Oehe" von dänisch ø, Insel) nahe Maasholm oder die einstige Bischofsburg Stubbe, heute ein beliebtes Pferdepensionat und eine große Obstplantage. Geschichte und Geschichten ranken sich um die Güter und deren Besitzer. Wie im Fall von Bertram von Pogwisch vom Gut Buckhagen bei Kappeln: Obwohl der junge Bertram in einer Gemeinschaftstat mit seinem Bruder Hans den Adligen Detlev Rathlow auf offenem Feld bei Plön erschlagen hatte, hätte ihn Papst Gregor XIII. fast heiliggesprochen. Bertram Pogwisch hatte als glühender Verfechter des Katholizismus in der nachreformatorischen Zeit zwischen 1584 und 1589 in Köln ein Buch mit dem Titel „Ketzerhammer" geschrieben, das dem Papst sehr zusagte. Und auch dem König wußte der findige Bertram zu gefallen; er meinte nämlich zu wissen, daß von einem dänischen Boot bei einem Feldzug gegen die Schweden eine Kiste voller Geld in den Kleinen Belt gefallen sei, die er nun zu heben gedachte. Der König stimmte zu. Der unternehmungslustige Pogwisch-Sproß ließ daraufhin aus einem Ledersack mit eingebautem Sichtfenster eine Art Taucherglocke konstruieren. Nicht überliefert ist, ob ihm die Bergung der Geldtruhe mit diesem Vorläufer des Taucheranzugs gelang.

Über große Besitztümer rund um die Schlei verfügt nach wie vor die herzogliche Familie zu Schleswig-Holstein, Sonderburg, Glücksburg. Neben dem berühmten Wasserschloß zu Glücksburg gehören die Herrenhäuser in Grünholz, Louisenlund, Staun, Carlsburg und Bienebek zum Besitz. Während Glücksburg vornehmlich als Museum dient, sind Grünholz und Bienebek die Wohn- und Verwaltungssitze. Louisenlund ist, wie bis vor kurzem auch Carlsburg, als bekanntes Landerziehungsheim der Vermittlung von Wissen und Wertvorstellungen vorbehalten. Prinz Christoph führt als Erbfolger die landwirtschaftlichen Großbetriebe von Gut Grünholz aus. Seine Mutter, Herzogin Marie-Alix, lebt auf dem malerisch am Schleiufer gelegenen Gut Bienebek. Die Herzogin hat sich als Vorstandsmitglied der Stiftung Louisenlund ganz der Charakterbildung junger Menschen verschrieben. Im Rahmen ihrer Tätigkeit als Vizepräsidentin des DRK-Landesverbandes Schleswig-Holstein setzt sie sich für notleidende Menschen ein. In idealer Verbindung dieser beiden Anliegen zeigt die Herzogin Louisenlunder Internatsschülern auf beschwerlichen Exkursionen im Rahmen von DRK-Hilfstransporten das einfache und entbehrungsreiche Leben der Menschen in Pommern und im jetzt russischen Ostpreußen. Die herzogliche Familie ist mit fast allen europäischen Königshäusern verwandt. Und so manches sich anbahnende Staatsproblem, berichtet Herzogin Marie-Alix, regelten die Regenten früher sozusagen auf dem „kleinen Dienstweg" in verwandtschaftlicher Atmosphäre, bevor eine Staatsaffäre daraus wurde.

Von kultureller Bedeutung für die Schleiregion sind neben den bereits erwähnten Museen in Schleswig auch das Schlei-Museum in Kappeln und das Dorfmuseum Brodersby. Wer etwas über Schiffahrt, Fischerei oder die Geschichte Kappelns und der Schleiregion wissen möchte, ist im Schlei-Museum bestens aufgehoben. Neben der großen Buddelschiffsammlung warten auf den Besucher in den drei Räumen ein mittelalterlicher Einbaum, Seefahrerutensilien, Gallionsfiguren und zahlreiche Schiffsmodelle. Darstellungen von Fischereiverfahren und etliche Geräte zur Fischerei sind ebenso zu sehen wie Zubehör alter Windjammer. Anhand von Einzelexponaten wird die Entwicklung der Marine von der Kaiserzeit bis heute dokumentiert. Ein weiterer Ausstellungsraum hat Kappelns Stadtgeschichte zum Thema. Dort finden sich aber auch eine Vitrine mit Exponaten zur Wikingerzeit, ein 1 000 Jahre alter Moornachen, ein

Schleikahn sowie Fundstücke aus der Vor- und Frühgeschichte in Angeln und Schwansen. Höhepunkt im Museumsjahr sind die jährlich im Sommer stattfindenden Museumstage in Kappeln, die gemeinsam vom Museumshafen, der Museumsbahn und dem Schlei-Museum ausgerichtet werden.

In Kappeln lohnt auch ein Abstecher zu Deutschlands nördlichster Museumseisenbahn, direkt neben den Schiffsveteranen am Hafen zu finden. Wer das Glück hat, zu Ostern, Himmelfahrt, Pfingsten oder anderen ausgewählten Tagen von Juli bis Oktober vorbeizuschauen, der kann die alten Loks der Angelner Dampfeisenbahn sogar unter Volldampf sehen. An den wenigen Betriebstagen bringen die historischen Züge zweimal täglich in 40 Minuten und mit unvergleichlicher Geräuschkulisse die Fahrgäste von Kappeln nach Süderbrarup.

Auf den Spuren der Vergangenheit wandeln auch die Besucher des Dorfmuseums Brodersby am Angelner Ufer der Schlei. Der zweigeschossige Bau platzt aus allen Nähten, wirkt in seiner Vielfalt dennoch äußerst liebevoll arrangiert: ein Museum zum Anfassen für die ganze Familie, ohne die in Museen bisweilen herrschende andächtige Atmosphäre. Das Brodersbyer Dorfmuseum gewährt einen lebendigen Einblick in die Dorfgeschichte. Dort blühen bei Betrachtung einstiger Gebrauchsobjekte Erinnerungen an alte Handwerkstage auf. Eine komplett eingerichtete Schulstube mit Schiefertafeln und Schreibpulten läßt die Rohrstock-Pädagogik wieder aufleben. Die Werkzeuge sehen so aus, als habe der Meister sie gerade aus der Hand gelegt. Und Mitleid mit den damaligen Patienten eines Zahnarztes stellt sich ein, wenn die pedalbetriebenen, groben Bohrer Urängste wecken. Großmutters Küche, eine Sackausklopfmaschine, der erste funktionstüchtige Melkapparat, ein Eisenbiegegerät, ein Brötchenportioniergerät oder das älteste der 1 600 Exponate, ein Kornschipp von 1855 – man könnte endlos weitere interessante Stücke aufzählen. Die Brodersbyer tragen mit viel Liebe, Fleiß und Sachkenntnis dazu bei, ein Stück dörflicher Kulturgeschichte für die Nachwelt zu erhalten.

Neben Herrenhäusern und Museen ermöglicht auch die Malerei dem Kulturinteressierten Einblicke in die Besonderheiten der Schleiregion: Magisch angezogen von diesem Landstrich fühlte sich der 1992 verstorbene Maler Gerhart Bettermann. Der 1910 in Leipzig geborene gelernte Schlosser und berufene Künstler lebte seit 1935 an der Schlei, zuletzt in Winnemark. Sein Traumhaus aber, die bei Winnemark auf einer Landzunge gelegene Schwonsburg, konnte er nie beziehen. Die herzogliche Familie wollte das Anwesen nicht verkaufen, was Bettermann derart empörte daß er jahrzehntelang kein Wort mit Herzog und Herzogin vom benachbarten Gut Bienebek sprach. „Später“, so berichtet Herzogin Marie-Alix zu Schleswig-Holstein, Sonderburg, Glücksburg, „haben wir uns sehr gut verstanden“. Durch Reiseeindrücke schon früh von der Schleilandschaft fasziniert, widmete sich Bettermann intensiv der Schleimalerei. „Ich liebe die Schlei, gewiß, aber ich bin kein Schlei-Maler. Ich bin dieser Landschaft sehr verbunden und habe sie oft porträtiert, aber ich bin kein Landschaftsmaler. Nicht nur. Ich bin ein politisch-sozial Engagierter …“, so charakterisierte sich Bettermann selbst. Die Schlei, die Landschaften Angeln und Schwansen zählten bis zuletzt zu den bevorzugten Motiven, die Gerhart Bettermann in Holz- und Linolschnitten, Federzeichnungen und Ölgemälden eindrucksvoll umsetzte. Seine Arbeiten sind auch an zahlreichen öffentlichen Gebäuden zu sehen. Bettermann selbst hat wesentlich mit dazu beigetragen, daß ab 1960 der „Kunst-am-Bau-Erlaß“ eine künstlerische Beteiligung bei kommunalen Hochbauvorhaben vorschrieb und damit Malern und Bildhauern eine zusätzliche Einnahmequelle eröffnete. Die Bettermann-Erbin Marie-Luise Schmidt-Holländer öffnete das seit Bettermanns Tod unbewohnte Künstlerhaus in Winnemark im Sommer 1995 für Ausstellungen und Seminare.

Das Gut Olpenitz, erstmals 1285 als Ulpenaes genannt, nahm einst mit 2 740 Hektar die gesamte Nordspitze der Halbinsel Schwansen ein. Heute gehören zu der gepflegten Gutsanlage rund 400 Hektar Land. Herrenhaus, Wirtschaftsgebäude und Park wurden vom Adelsgeschlecht Ahlefeldt errichtet, das seit über 300 Jahren die Geschicke des Guts lenkt.

Ein Ensemble voller Anmut und Stimmung: das Herrenhaus zu Bienebek mit Park und dem langgestreckten, vom Herbstwald umschlossenen Teich. Diese Perspektive allerdings bleibt den meisten Betrachtern des Guts verschlossen, auch Herzoginnen haben ein Recht auf Privatsphäre. Herzogin Marie-Alix zu Schleswig-Holstein, Sonderburg, Glücksburg hat auf Gut Bienebek, das sich in atemberaubend schöner Lage direkt am Schleiufer befindet, nämlich ihren Wohnsitz. Die Bienebek, ein kleiner Bach, der dem Anwesen seinen Namen gab, füllt den Stauteich und fließt weiter in die Schlei.

E in gutes Beispiel dafür, was mit Inspiration und einem talentierten Baumeister aus einem einfachen Ziegelhof entstehen kann, ist das von 1772 bis 1776 durch Johann Hermann von Motz erbaute klassizistische Herrenhaus von Louisenlund. Dänenkönig Christian VII. schenkte den Ziegelhof („Tom Tegelhoff") 1770 seiner Schwester Louise, die dem Gut ihren Namen gab. Ihr Gatte, Landgraf Carl von Hessen, ließ nicht nur das Herrenhaus bauen, sondern sorgte auch dafür, daß Louisenlund zu einem Zentrum der Freimaurerei mit Alchimistenkeller und Freimaurerturm wurde. Beeindruckend ist der Park am Schleiufer. Seit 1949 beherbergt das stattliche Anwesen, das als herzogliche Stiftung geführt wird, ein angesehenes Landerziehungsheim.

Ruhe, Abgeschiedenheit, Naturerleben sind in der Morgenstimmung an der Schlei fast greifbar. In der kleinen Bucht vor der Schwonsburg ankert ein Segelboot, Kormorane trocknen ihr Gefieder. Traumhaft gelegen ist die Schwonsburg, ein auf einer Halbinsel errichtetes Reetdachhaus bei Winnemark. Die einstige, ringförmige Wallanlage der Wikinger, die im 14./15. Jahrhundert auch Dänenkönig Erik von Pommern als Stützpunkt nutzte, ist heute im Besitz der herzoglichen Familie zu Schleswig-Holstein, Sonderburg, Glücksburg.

Angeln: Nicht nur ein in dieser Region beliebter Sport mit erfolgversprechenden Fangaussichten für Aal, Barsch, Brasse, Hering und Plötze, sondern auch die sich nördlich der Schlei bis hoch zur Flensburger Förde erstreckende Landschaft. Angeln – das sind rund 1 000 Quadratkilometer vorwiegend landwirtschaftlich genutztes Land. Menschen leben dort seit der Älteren Steinzeit vor 15 000 Jahren. Die Angeln setzten während der Völkerwanderung zu den Britischen Inseln über und wurden dort seßhaft. Erst als die Wikinger sich um 800 n. Chr. in Haithabu an der Schlei niederließen, wurde der zwischenzeitlich fast verwaiste Landstrich wieder bewohnt. Auch heute noch ist das von Knicks durchzogene Angeln dünn besiedelt. Gelting, Glücksburg, Satrup und Süderbrarup sind die größten Ortschaften. Sehenswert sind die 40 Dorfkirchen, fast alle um 1200 im romanischen Stil erbaut.

Arnis: Direkt an der Schlei gelegene kleinste Stadt Deutschlands (383 Einwohner – Stand Mai 1995) mit drei Werften, großem Yachthafen, einer 600 Meter langen Lindenallee als Hauptstraße („Lange Straße") sowie einer Fährverbindung nach Sundsacker in Schwansen. Das Stadtrecht erhielt der 1667 von 64 „ausgewanderten" Kappelner Familien gegründete Ort und vorherige Flecken 1934. Seine wirtschaftliche Blütezeit erlebte Arnis Mitte des 19. Jahrhunderts, als es über eine Seeflotte mit 88 Schiffen verfügte. Eine Besonderheit ist die 1673 in Fachwerkbauweise errichtete Schifferkirche.

Arnis, die kleinste Stadt Deutschlands, verfügt über einen großen Yachthafen. Hier haben viele Segler ihren Liegeplatz, von dem aus sie Touren auf der Schlei oder in die dänische Südsee unternehmen.

Die Schifferkirche in Arnis wurde 1673 erbaut und 1825 durch einen hölzernen Westturm erweitert. Bemerkenswert sind die geschnitzte Renaissancekanzel von 1573 und vier Votivschiffe des späten 18. und frühen 19. Jahrhunderts, von denen eins hier abgebildet ist.

Beliebungen: Eine regionaltypische Besonderheit sind die im 16./17. Jahrhundert gegründeten Beliebungen. Hauptzweck war die Bestattung der Pesttoten, die zu jener Zeit die Bevölkerung in vielen Städten und Dörfern dahinraffte, und die Bildung von Solidargemeinschaften. Der Name Beliebung kann unterschiedlich gedeutet werden. Für die einen ist es der beliebige Beitrag der Mitglieder in die Sterbekasse, für die anderen die nach freiem Belieben festgelegte Satzung ohne „obrigkeitliche Auflagen".

Bordesholmer Altar: Hans Brüggemann und Gehilfen schufen den Hochaltar von 1514 bis 1521. Dieses Meisterwerk der Schnitzkunst stand zunächst in der Augustiner-Chorherrenkirche in Bordesholm, wurde aber 1666 nach deren Auflösung von Herzog Christian Albrecht in den Schleswiger Dom geholt. Der fast 15 Meter hohe und 7,20 Meter breite Klappaltar zeigt die Passionsgeschichte einschließlich Auferstehung, Höllenfahrt und Erscheinung Christi unter den Jüngern.

Brücken: Zwei Brücken führen über die Schlei und verbinden die Landschaften Angeln und Schwansen. Die Klappbrücke in Lindaunis ist eine kombinierte Auto- und Eisenbahnbrücke, die im Sommer 15 Minuten vor der vollen Stunde für eine Viertelstunde geöffnet wird, um den Schiffsverkehr passieren zu lassen. In Kappeln versieht eine Drehbrücke ihren Dienst. Jeweils zur vollen Stunde gibt sie den Weg für die Schiffe und Segelboote frei.

Danewerk: Das Danewerk, eine mächtige Wall- und Grabenanlage zwischen der Schlei (Haithabu) und dem Eider-Treene-Gebiet (Hollingstedt), sicherte das dänische Königreich nach Süden hin ab. Die etwa 30 Kilometer lange Grenzbefestigung in der Schleswiger Landenge wurde zwischen dem frühen 8. und dem späten 12. Jahrhundert immer weiter ausgebaut. Das Danewerk ist das größte archäologische Denkmal Nordeuropas (siehe auch unter „Museen").

Dom: Inmitten der Schleswiger Altstadt ragt der Dom St. Petri mit seinem 112 Meter hohen Westturm weithin sichtbar aus der Silhouette heraus. Der dreischiffige Ausgangsbau dürfte zwischen 1120 und 1135 unter Bischof Alberus begonnen worden sein. Vom 13. bis 15. Jahrhundert wurden der Innenausbau und der Anbau vorangetrieben (um 1310/1320 entstand unter anderem der Schwahl, ein dreiflügeliger Kreuzgang). Der Dom, in dem viele Schleswiger Herzöge ihre letzte Ruhestätte fanden, ist mit zahlreichen Grüften und Epitaphien ausgestattet. Zahlreiche Kunstwerke finden sich hier. Zu nennen sind vor allem das Gemälde „Blaue Madonna" von Jürgen Ovens und der berühmte Bordesholmer Altar (siehe dort) von Hans Brüggemann.

Fähren: Zwei Fähren setzen Fußgänger, Rad- und Autofahrer über die Schlei. In Missunde und Arnis werden für diesen Service, entgegen der Regelung bei künstlichen Wasserstraßen wie dem Nord-Ostsee-Kanal, Gebühren erhoben.

Faulschlamm: Nach Ansicht von Wissenschaftlern sind die riesigen, bis zu einen Meter dicken Faulschlammlager am Grund der Förde das größte ökologische Problem der Schlei. 1,5 Millionen Tonnen des phosphorhaltigen Schlamms ruhen dort und sorgen im Sommer bei entsprechender Witterung für die berühmt-berüchtigte Algenblüte. Sanierungsvorschlag: Nitrathaltige Klärwerkseinleitungen und Nitratinjektionen sollen die Schlei vom Faulschlamm befreien.

Feste: Rund um die Schlei wird kräftig gefeiert. In Schleswig finden neben den Festen der Beliebungen und Schützengilden, den Jazztagen und der Veranstaltung „Swinging City" alle zwei Jahre die „Wikinger Tage" auf den Königswiesen statt, und zwar immer am ersten Augustwochenende der geraden Kalenderjahre. In der letzten Juliwoche und den beiden ersten Wochen im August bietet das Landestheater im Gottorfer Schloßhof seit 1964 die Schloßfestspiele an. Seit 1991 steht „Jedermann" von Hugo von Hofmannsthal auf dem Programm. Die 325 Sitzplätze sind ständig ausverkauft. Gespielt wird jeweils freitags, sonnabends und sonntags um 20 Uhr 45. Das große Volksfest in Kappeln sind die „Kappelner Heringstage", die alljährlich um Himmelfahrt herum gefeiert werden. Auch die Puppentheater-Tage erfreuen sich rund um Kappeln großer Beliebtheit. Stimmungsvoll geht es bei der Lampionfahrt am zweiten Sonnabend im August in Missunde zu, wenn über 300 lampiongeschmückte Kanus und Paddelboote die Schlei in ein nächtliches Lichtermeer verwandeln. Auf beiden Seiten der Förde herrscht dann Volksfeststimmung. Die Touristinformationen (siehe dort) geben gern Auskunft über weitere Volksfeste und Märkte rund um die Schlei.

Fischerei: Mit dem sich verändernden Salzgehalt der Schlei verändert sich auch der Fang. Die wenigen Berufsfischer vom Schleswiger Holm, aus Kappeln und aus Maasholm sind in erster Linie dem Hering und dem Aal auf der Spur. In der äußeren Schlei findet man auch schon mal den Meeresbewohner Butt im Netz. Richtung Schleswig nimmt der Salzgehalt immer stärker ab, so daß Brassen, Barsche, Plötzen oder auch der eine oder andere Zander an den Haken gehen.

Gottorf: Schloß Gottorf, 1268 durch Tausch in herzoglichen Besitz gekommen, ist eine bedeutende historische Stätte. Vor allem unter den Herzögen von Schleswig-Holstein-Gottorf, deren Regentschaft nach der Landesteilung 1544 begann und bis zur Besetzung durch die Dänen 1713 anhielt, wurde das Schloß zum geistig-kulturellen Mittelpunkt des Nordens. Berühmt waren die bedeutende Kunstsammlung, die Bibliothek und die Gartenanlage Neuwerk mit dem begehbaren Riesenglobus. Nach der Übernahme durch Dänemark wurden etliche Kunstwerke nach Kopenhagen gebracht, und die einst prunkvolle Residenz verfiel. Mehrmals mußte Schloß Gottorf in kriegerischen Auseinandersetzungen als Kaserne herhalten. Erst 1948 wurde dieser Entwicklung mit dem Einzug der Landesmuseen Einhalt geboten. In Gottorf sind bedeutende Kunstsammlungen aus privaten Stiftungen zu sehen (siehe auch unter „Museen").

Heringszäune: Die einzigen erhaltenen mittelalterlichen und noch funktionstüchtigen Heringszäune Europas sind in der Schlei bei Kappeln zu sehen. Die Heringe verfangen sich jedes Frühjahr auf dem Weg zu den Laichgründen in dem Labyrinth aus Zäunen, Netzen und Reusen.

Herrenhäuser: Zehn Herrenhäuser mit dazugehörigen Gutshöfen finden sich in den landwirtschaftlich strukturierten Landschaften Angeln und Schwansen in unmittelbarer Schleinähe. Louisenlund, Stubbe, Krieseby, Bienebek, Carlsburg und Olpenitz liegen am Schwansener Ufer, Lindau, Roest, Buckhagen und Oehe auf Angelner Seite. In dieser Dichte sind Herrenhäuser kaum andernorts anzutreffen. Erst vor rund 200 Jahren wurde auf einigen Gütern die Leibeigenschaft aufgehoben.

Das Gut Krieseby liegt direkt an der Straße, die Sieseby mit der Eisenbahn-Klappbrücke bei Lindaunis verbindet. Die gut erhaltene spätbarocke Hofanlage wurde 1735 vom Eckernförder Kaufmann Christian Otte erworben.

Holm: Urtümliche Fischersiedlung an der Schlei aus dem 11. Jahrhundert. Nach 1945 lebten auf dem früheren Eiland, das 1935 durch Aufschüttung des Stadtgrabens seinen Inselstatus verlor, noch rund 100 Fischer, heute sind knapp ein Dutzend übriggeblieben. Die Holmer Fischer genießen weiterhin ihr seit dem Mittelalter verbrieftes Fangrecht auf der Schlei. Mitten in der Siedlung aus kleinen Fischerhäusern und Kopfsteinpflasterstraßen liegt der Holmer Friedhof, auf dem nach altem Brauch Mitglieder der Holmer Beliebung (siehe dort) ihre letzte Ruhestätte finden.

Die Wasseransicht von Holm. Die kleinen Häuser der traditionsreichen Schleifischer stammen zum größten Teil aus dem 18. und 19. Jahrhundert.

Kappeln: Mit 10 000 Einwohnern zweitgrößte Hafenstadt an der Schlei. Erstmals wurde Kappeln 1357 erwähnt, das Stadtrecht besteht seit 1870. Kappeln erfuhr ein ähnliches Schicksal wie die Nachbarstadt Arnis: Nach dem schwunghaften Handel unter dem Danebrog endete die wirtschaftliche Blüte mit dem Abzug der Dänen und dem Verlust wichtiger Absatzmärkte im Norden. Das heutige Kappeln wird geprägt durch den florierenden maritimen Ausflugsverkehr (mit zollfreiem Einkauf), den Tourismus und die Marine mit ihren Stützpunkten in Ellenberg (Waffenschule) und Olpenitz (Marinehafen mit 5. Minensuchgeschwader). Markante Gebäude sind die 1789 bis 1793 erbaute St.-Nicolai-Kirche und die 1888 errichtete Holländermühle „Amanda". Über die Regionalgeschichte informiert das Schlei-Museum (siehe auch unter „Museen").

Klöster: Mit dem St.-Johannis-Kloster (um 1250) und dem Franziskanerkloster, auch Graues Kloster genannt (1234), verfügt Schleswig über zwei gut erhaltene mittelalterliche Bauwerke. Das auf dem Holm gelegene St.-Johannis-Kloster gilt als besterhaltene Klosteranlage Schleswig-Holsteins und wird heute als adliges Damenstift geführt. Die Klosterkirche dient unter anderem dem benachbarten Bundeswehrstützpunkt als Garnisonskirche. Das Franziskanerkloster in der Altstadt unweit des Doms ist nur zum Teil erhalten. Seine mittelalterlichen Überreste sind in den klassizistischen Rathausbau integriert.

Klöndöören: Horizontal zweigeteilte Haustüren in den alten Fischerhäusern auf dem Holm (siehe dort). Ist der obere Teil geöffnet, lassen sich die Bewohner, aufgestützt auf die untere Hälfte der Klöndöör, gern auf einen Klönschnack (niederdeutsch für Gespräch, Unterhaltung) ein.

Küche: „Schon eine oberflächliche Beobachtung unserer Bevölkerung läßt erkennen, daß die großen, breitschultrigen Gestalten hier nicht zu den Ausnahmen gehören. Als Ursache für die Entwicklung der Körpergröße muß die durchweg gute Ernährung des Schleswig-Holsteiners angesehen werden. Überall wird viel Fleisch, Speck, Mehlspeise, Milch, Butter und ein sehr kräftiges Brot gegessen", beschrieb ein Reisender vor langer Zeit die Küche im Norden. Reichhaltig und schmackhaft muß es sein, das Essen, nicht unbedingt deliziös. Die Nordlichter wissen zwar einen delikaten Bissen und einen edlen Tropfen zu schätzen, im Vordergrund steht aber die handfeste regionale Küche, die in vielen Restaurants auf sehr gewinnbringende Art zubereitet wird. Jeder Dorfkrug an der Schlei kann guten Gewissens betreten werden – dort wird man satt, und es schmeckt. Hering, Aal und Zander fangfrisch aus der Schlei: eine Delikatesse. Holmfischer Friedrich Ross hat einen Tip parat: Die Fische niemals schuppen, sondern nur in Salzwasser garen lassen, anschließend die Schuppen zusammen mit der Haut abziehen. Wird der Fisch paniert, verwenden er und seine Frau ausschließlich grobes Roggenmehl. Ein Genuß ist für Meister Ross ein Aalfrikassee. Die abgezogenen Aale dazu in etwa fünf Zentimeter große Stücke schneiden, mit Salzwasser bedecken, aufkochen und einige Minuten ziehen lassen. Mit angerührtem Mehl andicken. Das Ganze mit etwas Butter, Dill oder Petersilie abschmecken. Die einst als Delikatesse geltenden Möweneier von der Möweninsel hingegen dürfen wegen der hohen Schadstoffbelastung nicht mehr verzehrt werden.

Lindaunis: Markanter Ort mit kombinierter Auto- und Eisenbahnbrücke über die Schlei.

Maasholm: Letzter Hafen vor der Schleimündung. Fischerdorf mit kleiner Kutterflotte und großem Yachthafen.

Von Maasholm, dem an der Spitze einer kleinen in die Schlei hineinragenden Halbinsel gelegenen Fischerort, lassen sich herrliche Rad- und Wandertouren unternehmen – vor allem in das Naturschutzgebiet „Oehe-Schleimünde".

Missunde: Mit 135 Metern schmalste Stelle der Schlei. Fährverbindung zwischen Angeln und Schwansen. Großer Yachthafen auf Angelner Seite.

Möweninsel: Brut- und Schutzgebiet für Lachmöwen in der Schlei vor den Toren Schleswigs. Anfang des 12. Jahrhunderts stand auf der Möweninsel die Jürgensburg. Herzogssitz, Staatsgefängnis und Zollstelle in einem.

Museen: Nicht zuletzt wegen der Dichte und Qualität seiner Museen wird Schleswig oft als Kulturhauptstadt Schleswig-Holsteins bezeichnet. Das *Schleswig-Holsteinische Landesmuseum* auf Schloß Gottorf bietet die umfassendste Sammlung von Kunst, Kulturgeschichte und Volkskunde des Landes vom 12. Jahrhundert bis heute. Herausragende Sehenswürdigkeiten: Schloßkapelle mit herzoglicher Betstube, historische Räume wie die Gotische Halle und der Hirschsaal, Cranach-Gemälde sowie Kunst aus dem 20. Jahrhundert im Kreuzstall.
Ebenfalls auf Schloß Gottorf befindet sich das *Archäologische Landesmuseum* der Christian-Albrechts-Universität Kiel. Es zählt zu den ältesten und mit über drei Millionen Fundstücken größten deutschen Vorgeschichtsmuseen. Gezeigt werden Waffen, Handwerksgeräte und Schmuck von der Vor- und Frühgeschichte bis zum Ende des Mittelalters. Besondere Beachtung finden das aus dem 4. Jahrhundert n. Chr. stammende Nydamschiff und die Moorleichen.
Landesmuseen Schloß Gottorf, 24837 Schleswig, Information Tel. 04621/ 813222; Öffnungszeiten März bis Oktober täglich 9 bis 17 Uhr, November bis Februar 9.30 bis 16 Uhr (montags geschlossen); Führungen möglich (Information).
Das *Wikinger Museum Haithabu* ist eine Dependance des Archäologischen Landesmuseums und liegt nahe der einst bedeutenden Wikingersiedlung am Haddebyer Noor. Es zeigt das Leben der Wikinger vor 1 000 Jahren anhand von Fundstücken, Modellen und Schautafeln. In der Schiffshalle wird das 1979 geborgene Langschiff vor den Augen der Besucher instand gesetzt.
Wikinger Museum Haithabu, Haddeby, Tel. 04621/813300; Öffnungszeiten April bis Oktober täglich 9 bis 17 Uhr, November bis März dienstags bis sonntags 10 bis 16 Uhr.
Das *Städtische Museum Schleswig* zeigt die Geschichte und Kultur Schleswigs vom Mittelalter bis zur Gegenwart. Großen Raum nimmt die Dokumentation „Ausgrabungen in Schleswig – ein Forschungsprojekt" ein.
Städtisches Museum Schleswig, Friedrichstraße 9–11, 24837 Schleswig, Tel. 04621/93680; Öffnungszeiten täglich außer montags 10 bis 17 Uhr.
Eine Außenstelle des Städtischen Museums ist das *Holm-Museum*, in dem Fotografien der Menschen vom Holm zu sehen sind.
Holm-Museum, Süderholmstraße 2; Öffnungszeiten Mai bis Oktober täglich 8 bis 21 Uhr, November bis April täglich 8 bis 20 Uhr.
Das *Museum am Danewerk* widmet sich ganz dem Danewerk und dokumentiert die Geschichte der 30 Kilometer langen dänischen Grenzbefestigung aus dem frühen Mittelalter.
Museum am Danewerk, Ochsenweg 5, 24867 Danewerk, Tel. 04621/37814; Öffnungszeiten 15. Februar bis 30. November dienstags bis freitags 9 bis 17 Uhr, samstags, sonntags und feiertags 10 bis 18 Uhr, Dezember bis 14. Februar nur nach vorheriger Absprache.
Das *Schlei-Museum Kappeln* steht ganz im Zeichen der maritimen Stadt- und Schleigeschichte und weiß unter anderem eine stattliche Buddelschiffsammlung in seinem Bestand.
Schlei-Museum, Mittelstraße 7, 24376 Kappeln, Tel. 04642/1428 oder 82861; Öffnungszeiten 16. März bis 31. Oktober mittwochs, freitags und samstags 14 bis 17 Uhr, sonst nach Absprache.
Eine sehenswerte heimatkundliche Sammlung mit den Schwerpunkten Landwirtschaft und Handwerk beherbergt das *Dorfmuseum Brodersby*. Das Anfassen der Exponate ist ausdrücklich erlaubt. *Dorfmuseum Brodersby*, Missunder Fährstraße 4, 24864 Brodersby, Tel. 04622/564 oder 1516; Öffnungszeiten April bis November samstags 9 bis 12 Uhr und 14 bis 17 Uhr sowie nach Vereinbarung.

Ökelnamen: Spitz- oder Ökelnamen sind unter den Fischern auf dem Holm geläufiger als die tatsächlichen Vor- und Familiennamen. Die Ökelnamen dienen der problemlosen Unterscheidung der einzelnen Angehörigen der großen Holmer „Familien-Clans".

Runensteine: Zum Gedenken an ihre gefallenen Gefolgsleute und herausragenden Krieger setzten Könige und Feldherren in der Wikingerzeit (800 bis 1100) große Steine an den Sterbeort und beschrifteten sie mit einem lobenden Text über den Verflossenen in Runenschrift. Einige Runensteine wurden in unmittelbarer Umgebung der bedeutenden Wikingersiedlung Haithabu (siehe dort) gefunden.

Schiffsausflüge: Ausflugsfahrten auf der Schlei werden von Schleswig (Info: 04621/23319 oder 51684 oder 5838) und Kappeln (Info: 04642/5590) aus angeboten. Zudem führen die Schleswiger Stadtwerke (Info: 04621/80168 oder 8010) Motorbootfahrten zum Wikinger Museum Haithabu durch.

Schlei: Längste, schmalste und flachste Ostseeförde mit wechselndem Salzgehalt. Entstanden in der Weichseleiszeit vor 18 000 bis 12 000 Jahren. Die Schlei ist gekennzeichnet durch die Ausprägung vieler Buchten und Noore sowie durch die Kleine und Große Breite. Der Meeresarm trennt die Landschaften Angeln (Kreis Schleswig-Flensburg) und Schwansen (Kreis Rendsburg-Eckernförde) voneinander.

Schleimünde: Treffpunkt von Schlei und Ostsee. Die 150 Meter breite Schleimündung muß künstlich offengehalten werden, weil sie sonst verlanden würde. Schleimünde ist Naturschutzgebiet mit Salzwiesen, Trockenrasen und Windwatten und Ruhezone für viele Seevogelarten.

Schleswig: Kreisstadt des Kreises Schleswig-Flensburg mit rund 27 000 Einwohnern am inneren Schleibecken. Überragende kulturelle Bedeutung und bedeutende Museumsstadt (siehe auch unter „Museen"). Nach Ribe in Dänemark zweitälteste Stadt Nordeuropas (804 n. Chr.). Die Siedlungsgeschichte wird durch Ausgrabungen erforscht. Sehenswürdigkeiten sind der St.-Petri-Dom (siehe „Dom"), Schloß Gottorf (siehe „Gottorf"), das St.-Johannis- und das Franziskanerkloster (siehe „Klöster"), die früheren Adelspalais (die wichtigsten sind das ehemalige Königsteinsche Palais in der Norder- und der ehemalige Hattenhof in der Süderdomstraße), die Fischersiedlung Holm (siehe dort) sowie die Altstadt. Schleswig ist Sitz des Oberlandes- und Oberverwaltungsgerichts, des Landeskrankenhauses und des Landestheaters. 1711 wurden die Schleswiger Stadtteile zur „combinierten Stadt" zusammengefaßt. 1867 wurde der Ort Sitz der preußischen Provinzialregierung, erst nach dem Zweiten Weltkrieg bestimmten die Alliierten Kiel zur neuen Landeshauptstadt. Schleswig ist eine industriearme Stadt, der Tourismus soll als wirtschaftliches Standbein weiter ausgebaut werden. Informationen über Stadtführungen erhält man bei der Touristinformation Schleswig (siehe dort).

Im St.-Petri-Dom, dem Wahrzeichen Schleswigs, gibt es eine Fülle von Sehenswürdigkeiten. Blick vom Mittelschiff in den Chor, in dem sich auch der berühmte Bordesholmer Altar befindet.

Das alte Fährhaus von Sieseby. Viele reetgedeckte Häuser und die romanische Kirche mit ihren gotischen Gewölben laden zu einem Spaziergang durch den „Perle der Schlei" genannten Ort ein.

Sieseby: Malerisch gelegenes Schleidorf in Schwansen mit hervorragend erhaltenen, reetgedeckten Fachwerkhäusern. Das am Schleiufer gelegene Unterdorf steht unter Denkmalschutz.

Schwansen: Halbinsel zwischen Schlei und Ostsee, Eckernförde und Kappeln. Mit 250 Quadratkilometern nur rund ein Viertel so groß wie die am anderen Schleiufer gelegene Landschaft Angeln. Charakteristisch sind die weiten Felder, auf denen Getreideanbau und Viehhaltung betrieben werden. Schwansen wird geprägt durch die Gutshöfe und Herrenhäuser (siehe dort): Damp, Grünholz, Hemmelmark, Saxtorf, Ludwigsburg, Hohenstein, Krieseby, Stubbe, Bienebek – all diese Anlagen werden noch bewirtschaftet. Zentrale Orte sind Rieseby, Damp und Waabs. Neben der Landwirtschaft spielt der Tourismus (Camping, Ferien auf dem Bauernhof, Ferienhochburg Ostseebad Damp) eine wichtige wirtschaftliche Rolle. Schwansen ist seit der Älteren Steinzeit besiedelt. Grabstätten wie das eindrucksvolle Langbett bei Karlsminde (etwa 5 000 Jahre v. Chr.) oder Hünengräber sind noch erhalten.

Touristinformation: Über Adressen, Veranstaltungen und Unterkünfte informieren: *Touristinformation Schleswig*, Plessenstraße 7, 24837 Schleswig, Tel. 04621/ 24878; *Touristinformation Schleidörfer*, Königstraße 3, 24392 Süderbrarup, Tel. 04641/ 3411; *Touristikzentrale Kappeln*, Schleswiger Straße 1, 24376 Kappeln, Tel. 04642/ 4027.

Utluchten: Niederdeutsch für Vorbau, Erker. Charakteristisch für die Fischerhäuser auf dem Holm (siehe dort) in Schleswig.

Votivschiffe: Miniaturausgaben alter Segelschiffe in einigen Kirchen wie zum Beispiel der Schifferkirche in Arnis. Die kunstvoll und originalgetreu ausgeführten Nachbauten sind an der Decke befestigt und zeugen von der großen seefahrerischen Vergangenheit.

Wassersport: Die Schlei bietet vielfältige Wassersportmöglichkeiten. An erster Stelle sind die Segler zu nennen, die in Maasholm, Kappeln, Arnis, Missunde und Schleswig hervorragende Yachthäfen und Liegeplätze mitsamt Infrastruktur vorfinden. Weitere Bootsliegeplätze sind am gesamten Schleiufer vorhanden. Vor allem die Große Breite ist beliebtes Segelrevier und Regattakurs (unter anderem Goldpokal für Folkeboote). Aber auch Surfer (vor Maasholm, Große Breite) und Kanuten (Schlei und Füsinger Au) kommen voll auf ihre Kosten. An zahlreichen kleinen Stränden gibt es Bademöglichkeiten. Angelfreunde finden an der Schlei beste Bedingungen vor und haben die einzigartige Chance, sowohl Süßwasser- als auch Meeresfische zu fangen. Angelscheine gibt es bei den jeweiligen Amts- oder Gemeindeverwaltungen.

Wikingturm: 28geschossiger, über 80 Meter hoher Wohnturm in der Schlei vor der Schleswiger „Skyline" aus Schloß Gottorf, Dom und Altstadt. Die Schleswiger sind im allgemeinen nicht gut auf dieses das Stadtbild entstellende Bauwerk aus den siebziger Jahren zu sprechen.

Winnemark: Kleines Schwansener Dorf an der Schlei. Hier wohnte der 1992 verstorbene Künstler Gerhart Bettermann, der an der Förde die Motive für seine ausdrucksstarken Holz- und Linolschnitte, Zeichnungen und Gemälde fand. Bettermanns Künstlerhaus ist seit kurzem für Ausstellungen und Seminare geöffnet.

Sörup
Ahneby
Angeln
Esgrus
Grün-holz
Stangheck
Rabenholz
Satrup
Rüde
Mohrkirch
Rügge
Brarup
Oersberg
Mehlby
KAPPELN
Maasholm
Lotsen-insel
Hasselberg
Havetoft
Thumby
Böel
Süder-brarup
Schnarup-schuby
Struxdorf
Ülsby
Kiesby
Faulück
Gröder
Brodersby
Klappholz
Böklund
Nottfeld
Boren
Ketelsby
Karby
Dörphof
Twedt
Steinfeld
Lindau
Karlsburger Holz
Idstedt
Stolk
Süder-fahrenstedt
Tolk
Kius
Ülsnis
Thumby
Damp
Schlei
Gunnebyer Noor
Brekling
Taarstedt
Nübel
Schaalby
Goltoft
Schwansen
Holzdorf
Moldenit
Brodersby
Geel
Rieseby
Waabs
Füsing
SCHLESWIG
Loose
Fahrdorf
Große Breite
Kosel
Barkelsby
Borgwedel
Gammelby
Busdorf
Esprehmer Moor
Götheby-Holm
ECKERN-FÖRDE
Eckernförder Bucht
Windebyer Noor
Fleckeby
Selk
Hummelfeld
Geltorf
Naturpark
Osterby
Windeby
Noer
Jagel
Lottorf
Hütten
Kropp
Brekendorf
Ascheffel
Altenhof
Dänischer Wohld
Wester-moor
Damendorf
Gettorf
Ahlefeld
Wittensee
Hüttener Berge
Osdorf